面对校园暴力，如何

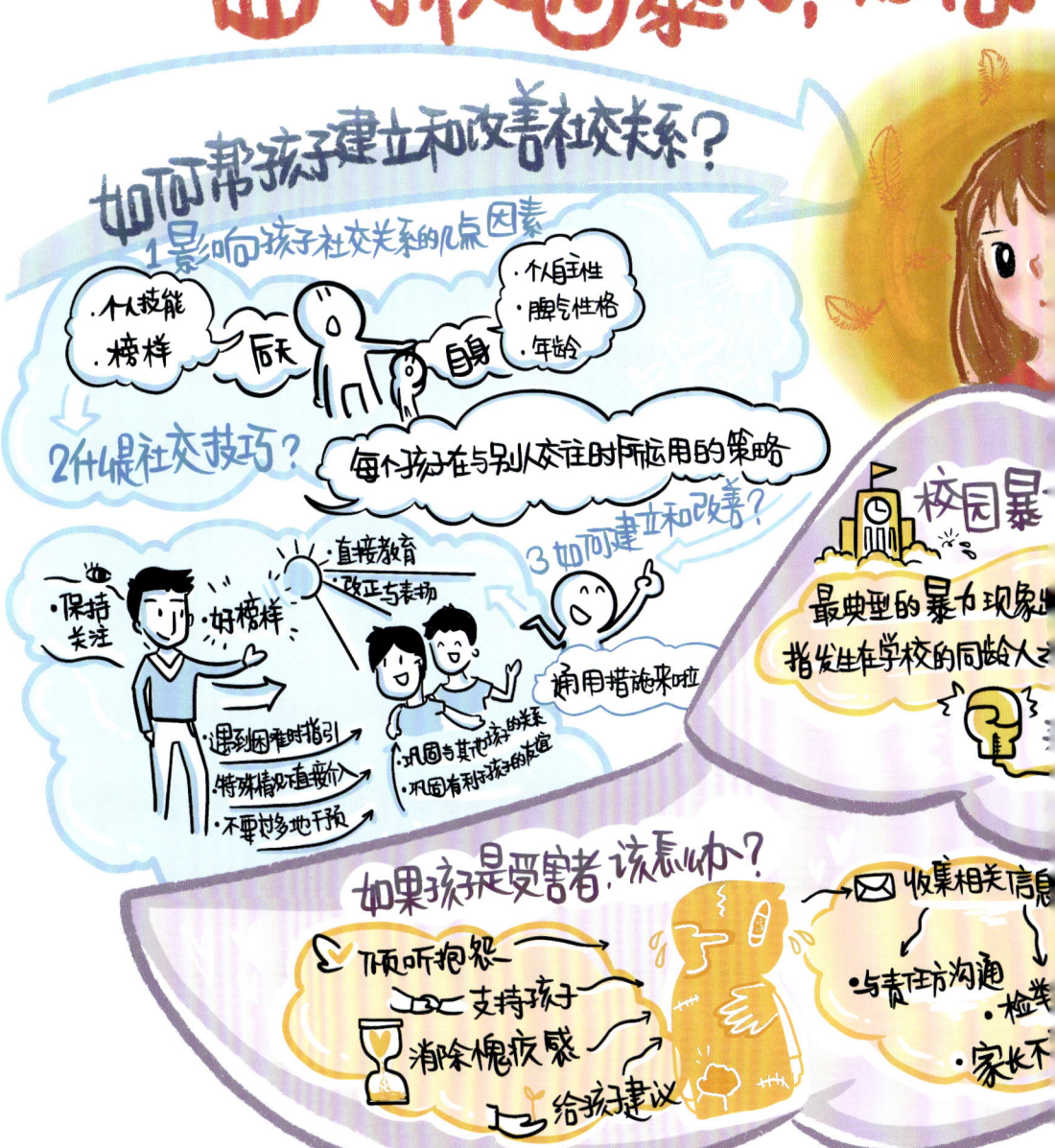

如何帮孩子建立和改善社交关系？

1 影响孩子社交关系的几点因素

- 个人技能
- 榜样

后天

自身
- 个人自主性
- 脾气性格
- 年龄

2 什么是社交技巧？

每个孩子在与别人交往时所应用的策略

3 如何建立和改善？

通用措施来啦

- 保持关注
- 好榜样
- 直接教育
- 改正与表扬
- 遇到困难时指引
- 特殊情况直接介入
- 不要过多地干预
- 巩固与其他孩子的关系
- 巩固有利孩子的成长

校园暴

最典型的暴力现象
指发生在学校的同龄人之

如果孩子是受害者，该怎么办？

- 倾听抱怨
- 支持孩子
- 消除愧疚感
- 给孩子建议
- 收集相关信息
- 与责任方沟通
- 检举
- 家长不

教孩子保护自己

请扫码听语音解读

在人际交往中，孩子会遇到哪些困难？

- 有社交障碍
  - 教授技巧
  - 创结积极社交经历
  - 不贴标签 · 表扬孩子进步
  - 检视家庭社交模
  - 咨询专家
- 打人
  - 立即纠正
  - 立刻采取措施
  - 直接教授
  - 表扬孩子
- 不受欢迎
- 受到嘲讽
- 有害的友情

SAY NO !!!

校园暴力

出现在11岁以后，间的虐待行为

表现形式
1. 口头暴力
2. 心理暴力
3. 被孤立

- 寻求专家帮助
- 暴力事件
- 直接接触施暴者

第三堂课

面对校园暴力，如何教孩子保护自己

[西]赫苏斯·哈尔克·加西亚 ◎ 著 张曦 ◎ 译

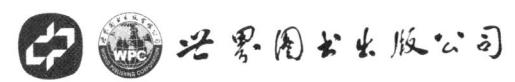

世界图书出版公司

上海·西安·北京·广州

图书在版编目（CIP）数据

解决孩子成长难题的八堂国际训练课.第三堂课：面对校园暴力，如何教孩子保护自己/（西）赫苏斯·哈尔克·加西亚著；张曦译.—上海：上海世界图书出版公司，2020.6
ISBN 978-7-5192-7314-9

Ⅰ.①解… Ⅱ.①赫…②张… Ⅲ.①儿童教育–家庭教育 Ⅳ.① G782

中国版本图书馆 CIP 数据核字（2020）第 032677 号

Edition © 2018 Editorial Sol90, Barcelona
Chinese Edition © 2020 granted exclusively to Beijing Qianqiu Zhiye Publishing Co. Ltd. by Editorial Sol90, Barcelona, Spain.
www.sol90.com
All Rights Reserved.
Rights licensing arranged by Zonesbridge Agency
www.zonesbridge.com

书　　名	第三堂课·面对校园暴力，如何教孩子保护自己
	Di-san Tang Ke · Miandui Xiaoyuan Baoli, Ruhe Jiao Haizi Baohu Ziji
著　　者	［西］赫苏斯·哈尔克·加西亚
译　　者	张　曦
责任编辑	孙妍捷
出版发行	上海世界图书出版公司
地　　址	上海市广中路 88 号 9–10 楼
邮　　编	200083
网　　址	http://www.wpcsh.com
经　　销	新华书店
印　　刷	天津丰富彩艺印刷有限公司
开　　本	787 mm × 1092 mm　1/16
印　　张	8
字　　数	99 千字
版　　次	2020 年 6 月第 1 版　2020 年 6 月第 1 次印刷
版权登记	图字 09-2019-1130 号
书　　号	ISBN 978-7-5192-7314-9 / G · 602
定　　价	25.00 元

版权所有　翻印必究
如发现印装质量问题，请拨打售后服务电话
（010-82838515）

目 录

第一章 简介
2 / 本书介绍
3 / 常见的困扰

第二章 社交技能与社交技巧
6 / 影响孩子社交关系的几点因素
9 / 什么是社交技巧？
14 / 社交技能的类别

第三章 通用的教育措施
18 / 巩固孩子与其他孩子的关系
20 / 做出好榜样
21 / 直接教育
24 / 纠正与表扬孩子
26 / 巩固有利于孩子的友谊
28 / 当孩子遇到困难时指引他
30 / 了解孩子的情况并保持关注
32 / 不要过多地干预
33 / 在特殊情况下需要直接介入

第四章 孩子在人际交往过程中遇到的困难

38 / 序言

38 / 打人的孩子

40 / 孩子打人该怎么办？

44 / 解决孩子打人情况的辅助措施

45 / 有社交障碍的孩子

47 / 孩子有社交障碍，该怎么办？

52 / 不受欢迎的孩子

54 / 孩子不受欢迎该怎么办？

57 / 总被嘲笑的孩子

59 / 孩子被嘲笑该怎么办？

63 / 孩子结交不当的友谊

64 / 孩子结交了不利于他的友谊该怎么办？

第五章 校园暴力

68 / 如何定义校园暴力？

72 / 怎样判断您的孩子是否为校园暴力的受害者？

73 / 如果您的孩子是受害者，您该怎么办？

76 / 预防措施

第六章 结论

80 / 总结

81 / 结论

第七章 家长提问

84 / 家长提问

第八章 问题集
104 / 家长在孩子社交关系中的做法
106 / 我的孩子会不会正在遭受校园暴力？

第九章 不同年龄段孩子的人际交往能力汇总
110 / 序言
110 / 如何使用？

参考书目
121 / 参考书目

第一章

简 介

本书介绍

首先欢迎你阅读本书《第三堂课·面对校园暴力,如何教孩子保护自己》。本书是我们推出的"解决孩子成长难题的八堂国际训练课"丛书之一。

我们认为本书涉及的问题正是家长们非常关注的问题,原因如下。

社交关系是孩子们人格塑造的一个决定性因素。

社交关系质量的好坏直接影响孩子们的心理健康。

在社交关系方面,孩子们也会遇到一些问题:从交友和维系友情的困难到诸如校园暴力这类特殊的情况。

最后,因为父母在教育孩子如何恰当地与人交往这方面扮演着不可替代的角色,因此本书所涉及的话题十分重要。

综上,本书主要写给那些孩子处于3至12岁年龄段的家长和那些想要教会孩子如何恰当地与其他小朋友相处的家长,以及那些亟须解决这些常见困扰的家长。

孩子的社交范围不仅限于学校,也包括家庭内部、一些休闲场所、校外活动,以及任何需要与别人交往的地点。

常见的困扰

鉴于上述情况,本书中的场景并不仅限于学校,而是基于孩子们在社交中可能遇到的各种常见情况来给出相应的对策。

父母就孩子们的社交行为提出的困扰主要集中在以下几个方面。

如何教育孩子更好地与他人相处。

如何培养孩子的社交技能。

如何控制孩子的攻击性。

如何使孩子在小朋友面前变得坚强。

当孩子很容易被其他人影响时,父母们该如何应对。

当孩子不那么受欢迎的时候,父母们该怎么办。

如何教育孩子去面对嘲讽。

如果孩子结交了坏孩子,父母们该怎么办。

此外,校园暴力尽管是个别现象,却从来都是父母们的关注点。

本书旨在就上述家长所提出的困扰和疑虑给出答案。为此,我们制定了下列目标。

了解那些影响孩子社交行为的因素。

了解什么是"社交技能"和"社交技能"的重要性。

提供一些普遍性的教育措施来教育孩子们,如何与家庭中的其他人相处。

给出一些可以在家中实施的、教育孩子如何与他人交往的具体准则。

提出策略和指引来帮助孩子解决那些他在社交过程中遇到的困难。

了解"校园暴力"这一特殊问题相关的几个基本方面。

提出一些能从家庭内部预防类似事件发生的措施。

为了达成上述目标,我们将本书分为9大章节。

除序言外,在第二章中我们将会说明影响孩子社交行为的几个因素。同时我们也会逐步向"社交技能"这个概念靠拢。

在接下来的章节中,我们将会给出一些具有普遍意义的教育手段来教会孩子如何与人相处。在第四章中我们将着重讨论这个年龄段的孩子们在与人交往时经常会遇到的一些困难,这些困难也是经常令很多家长感到头疼的问题。最后,我们将探讨孩子们在校园人际交往中可能会遇到的特殊情况——"校园暴力"。

我们希望家长们阅读完本书后能够实现自己的预期目标,并能够成功地教育好自己的子女。

第二章

社交技能与社交技巧

影响孩子社交关系的几点因素

本章我们主要就孩子们之间的相处进行初步思考。为此，我们会为大家说明一些影响孩子社交关系的因素。同时，我们也会深入探讨青少年关系中的一个重要概念——"社交技能"。我们还会谈到社交技巧的特点和社交技能不同的类别。

对于3至12岁这个年龄段的孩子来说，决定他们与他人相处的风格，以及策略的最常见的因素有以下几点。

1.孩子的脾气与性格

脾气是孩子人格里最先天的一面，而性格则是他在社会生活中结合自身经历逐渐形成的后天因素。

孩子不论是冲动型，还是腼腆型，或是平和近人型，抑或是暴躁易怒型，其脾气与性格无疑是影响他社交关系的因素之一。

2.接触到的榜样

孩子们在很大程度上是通过观察和模仿来学习如何与他人交往的。在这期间，父母是他们的主要榜样。

孩子们能从父母身上效仿的沟通方式如下。

父母们在家里所使用的交流方式：与孩子沟通的、父母之间沟通的，或者与其他家人和陌生人沟通的方式。

父母们都是如何解决分歧的。

父母们所遵循的维系友情关系、职业关系或者任何其他关系的准则。

父母们如何评价他们与别人的社会关系，某段关系对于父母来讲是积极有益的，还是会被视为烦扰抑或是威胁。

孩子们虽然在这个年龄段的主要行为参考对象是父母，但当然也会有一些其他可以作为榜样的人。

他们的兄弟姐妹，尤其是哥哥或者姐姐。

幻想中的人物，例如电视节目里的角色，或者是动画片、游戏、故事和传说里那些形形色色的人物。

他们的朋友们，特别是从8岁或9岁这个年龄开始，孩子们会更多地模仿朋友。

所以说，孩子们在生活中接触到的榜样是影响他们社交行为方式的第二个因素。

3.孩子的自主性

个人自主性是另一个影响孩子与他人相处的风格的因素。依赖性很强的孩子、那些应该在这个年龄自主完成事情但从不独立的孩子，以及那些被家里过度保护的孩子，他们在与其他孩子相处时最容易遇到困难。

一个自主性很差或者被过度保护的孩子，早已习惯于他的父母替他解决困难和挫折，所以在与其他孩子相处时会显得更脆弱。孩子之间的关系总是无法预见的，所以那些被过度保护的孩子更倾向于与成人相处，因为这样会给他们带来更多的安全感。

4.孩子的年龄

一些影响孩子社交行为的能力只在某个特定的年龄才会出现。比如换位思考，即站在别人的角度思考问题的能力、理解别人的思想和感受的能力。这一能力在孩子与别人相处的过程中是至关重要的。

然而，只有当孩子的年龄达到7岁或8岁的时候，他们才会掌握这个能力。所以说，在7岁或8岁以前，孩子们之间的相处常常是以自我为中心的。

5.社交技能

如果有哪个因素是所有的专家一致认定在孩子们与他人交往方面最具决定性的，那这个因素一定是他们的社交技能。社交技能是指孩子掌握和运用社交技巧的能力。社交技巧是指孩子在与他人相处的时候运用与开展的一系列策略和步骤。由于这一技巧对于解决本章节中涉及的问题具有重要作用，所以我们将在接下来的小节中对孩子们的社交技巧进行分析。

总的来说，影响孩子社交行为的因素有：

孩子的脾气和性格；

孩子接触到的榜样（特别是从父母那里）；

孩子的个人自主性；

孩子所处的年龄；

孩子具有的社交技能。

什么是社交技巧？

正如我们刚在上文中指出的，社交技巧是指每个孩子在与别人交往时所运用的策略。这些技巧在孩子与其他小朋友相处时起到了极为重要的作用。

我们来看下面的情景。

情景一

> 桑乔今年5岁了，正在公园里玩皮球。然后他将皮球放到了一边的长凳上，坐上了秋千。正在此时，一个与他年龄相仿的小姑娘走了过来，拿起了桑乔的皮球然后玩了起来。
>
> 见状，桑乔从秋千上下来，走向了那个小姑娘，他一边小心翼翼地把手伸向皮球一边说道："喂，那个球是我的！快把它给我，不然我就喊我妈妈来啦！"
>
> 但是那个小姑娘抱紧了皮球并摇着头拒绝把球还给他。
>
> 于是，桑乔哭着离开去找妈妈了。

情景二

今年5岁的布兰卡也遇到了同样的情形。她放下了她的皮球,然后坐上了秋千,这时,另一个小姑娘拿走了她的皮球。

布兰卡猛然跳下秋千然后叫住那个小姑娘,一边试图取回她的玩具一边威胁道:"喂,那是我的球,把它给我!"

那个小姑娘同样抱紧了皮球并摇头拒绝。

这时,布兰卡抓住了那个小女孩的头发并且大声呵斥道:"快给我,那是我的球!"

情景三

伊莎贝尔今年刚好也5岁了，同样也遇到了这种情形。她的皮球被其他小姑娘拿走了，她从秋千上下来，笑着对小姑娘说道："你好，那是我的皮球，你想跟我一起玩吗？"

那个小姑娘抱紧了皮球并摇头拒绝。

这时，伊莎贝尔又对她说道："来吧，咱们一起玩。可好玩了！你要是不玩，我可就自己玩了哦，因为这是我的皮球。"

> 来吧，咱们一起玩。可好玩了！
> 你要是不玩，我可就自己玩了哦，
> 因为这是我的皮球。

桑乔最终去寻求妈妈的帮助，布兰卡选择了拽住对方的头发，伊莎贝尔则尝试与对方分享自己的球。这3个小朋友在面对同一种情形时分别使用了不同的社交技能。如果我们进一步分析，就会更好地明白社交技巧都有哪些特点了。

1. 社交技巧有恰当与不恰当之分

所有的孩子都拥有自己独特的社交技巧。只不过，它们有些是恰当的，有些不是。我们也可以将孩子的以下行为定义为运用了不恰当的社交技巧。

用不恰当的手段去处理一些情况，比如，那个拽别人头发的小姑娘；

当孩子的人际交往产生了消极后果的时候；

当孩子们无法化解遇到的情形的时候。

2. 社交技巧包括多种行为

口头行为：孩子所说的内容，以及说话的语调。比如案例中桑乔所使用的语调传达出他缺乏安全感，而布兰卡的语调则充满威胁。

非口头行为：包括面部表情或者肢体语言。比如案例中伊莎贝尔的微笑，以及布兰卡猛然跳下秋千。

情感表达：指的是孩子在与对方相处过程中所表达、传递给对方的感受。比如案例中布兰卡表现出了胁迫性，而伊莎贝尔却表现得很友好。

3. 社交技巧是可以通过学习获取的

社交技巧是可以通过学习获取的，所以，家长可以把社交技巧教给孩子的,而且孩子不恰当的社交技巧也是可以被改正的。

对于哭着跑去找妈妈的那个小男孩桑乔,或者那个抓别人头发的小姑娘布兰卡,我们或许可以教给他们另一种方式,使他们能恰当地面对上述情形。

4.社交技巧与年龄有关

社交技巧的获得和养成与年龄息息相关。一个3岁的孩子所具备的全部社交技巧远远不如一个12岁的孩子所具备的社交技巧。

5.社交技巧与不同的文化氛围有关

最后,社交技巧也包含文化氛围的因素。虽然我们认为某些技巧是大家都具备的,但文化与文化之间的不同造就了人们不同的相处方式。甚至在相同的文化环境下,不同的家庭对于人与人之间不同的交往方式恰当与否也有着自己的见解。

总之，社交技巧主要有以下基本特点：

有恰当与不恰当之分；

包括多种行为；

是可以通过学习获取的；

与年龄有关；

与不同的文化氛围有关。

社交技能的类别

为了让家长能够更好地理解社交技能并规划好如何教育孩子，我们将社交技能以不同年龄分为以下不同类别。

1.交流与沟通能力

交流与沟通能力下涉及与下列情形相关的社交技巧：

开展、保持，以及结束一场与他人的交流。

其中包括问候、告别、倾听、提问的能力。

寻求及提供帮助。

社交技能是人取决于不同的情况（如提供或请求帮助）的需要而相对产生的一种能力。例如：当孩子请求别人帮助的时候会说"请"，同时认可别人的必要性，并且表达出自己的需求，然后加以感谢等。

与不同社会阶层的人的关系。

这里我们指的是孩子在与非同龄人建立沟通时所需要的能力，比如与家人、老师、其他成人或者陌生人。这里会涉及敬语、各种问候，以及提问方式等。

理解和适应所处的环境。

这个社交技巧包括了理解并适应某种特定环境的能力。这种能力对孩子提出了更高的要求，包括孩子要知道在某种特定情形下何时该使用这种能力，以及何时不该使用它。比如，何时应当问候而何时不该问候；

何时该表达倾向性而何时不该表达;何时该表达自己的观点而何时不该表达;等等。

2.与别人共享物品和参与集体活动的能力

与别人共享物品和参与集体活动的能力涉及的社交技巧主要包括向别人借玩具、邀请别人一起玩、遵守游戏规则、聆听他人和为了参与游戏而开展的协商等行为。

3.主观判断能力

主观判断能力是指以恰当的方式表达自己的想法和情感,以及捍卫自身权利的能力。对于孩子来说,主观判断能力体现为:说出自己喜欢的和不喜欢的事物、在不同选项中学会选择、保护自己的私有物品、当有人违反规则时进行提醒等。

4.建立和维系友谊的能力

最后,建立和维系友谊的能力与一切建立和维系友谊的社交技巧有关。例如寒暄、鼓励、表达出兴趣,以及提供帮助等行为。

到这里,我们已经将3至12岁年龄段的孩子的社交技能划分为4个类别,其分别如下。

(1)交流与沟通能力;

(2)与别人共享物品和参与集体活动的能力;

(3)主观判断能力;

（4）建立和维系友谊的能力。

在后面的实践练习部分我们将提供一个有关上述能力的更全面的清单，并将这些能力按照年龄段排序。

总 结

本部分旨在提供一些预先的思考，为此，我们对下列方面进行了复习、总结：

我们了解了影响孩子们与他人交往的因素；

我们探讨了社交技能，以及社交技巧的特点；

最后，我们分析了如何将3至12岁儿童的社交技能进行分类。

第三章

通用的教育措施

巩固孩子与其他孩子的关系

本章旨在为家长提供一些普遍适用的教育手段,使其帮助孩子建立和改善社交关系。

具体来讲,上述普遍适用的教育手段有以下几点。

(1)巩固孩子与其他孩子的关系;

(2)做出好榜样;

(3)直接教育;

(4)纠正与表扬孩子;

(5)巩固有利于孩子的友谊;

(6)当孩子遇到困难时指引他;

(7)了解孩子的情况并保持关注;

(8)不要过多地干预;

(9)在特殊情况下需要直接介入。

家长们需要采取的第一项措施是:确保你的孩子能够在校外和其他小朋友保持一定的交往频率。

> 宝拉是个4岁的小姑娘，她的父母计划每周抽出3个下午的时间带她去城市公园。他们家附近没有能让宝拉跟其他小朋友一起玩的地方。在城市公园，宝拉可以与其他小朋友一起度过玩乐的时光。

拥有能够与其他小朋友建立交往的机会是孩子学会如何与他人交往的第一要素。

这个举措对于那些不太容易能碰到其他小朋友的孩子来说是至关重要的。

下面是一些家长在这种情况下可以采取的举措。

鼓励孩子与其他小朋友一起活动，例如：参与团队运动，参加集体游戏或者任何团队形式的活动。为此，当孩子对这些活动表现出兴趣的时候，家长不要过多地干预。

尽量保证孩子们对同龄小伙伴的不同类型活动的参与度，比如生日派对、家庭聚会等。

带孩子到他能够遇到其他小伙伴的地方，例如公园或者儿童游乐园。

帮孩子组织其与其他小朋友的聚会，比如同学间的、堂表兄弟姐妹间的，或者其他家庭成员或朋友间的。

做出好榜样

在上一章，我们了解了父母的榜样作用是影响孩子社交关系的因素之一。

孩子通过观察来学习。他们尤其热衷于模仿他们的父母，父母是孩子的主要榜样。当他们想要模仿父母的时候，当他们不方便模仿父母的时候，当父母跟他们说话的时候，或者当父母认为孩子并没有在听他们的时候……孩子其实一直都在观察着父母。

为了给孩子做出好的榜样，家长们尤其应该注意在以下情境时自己的行为：

跟孩子、伴侣，以及其他人说话的方式；

面对分歧和解决分歧的方式，包括与孩子本人的分歧；

对待熟悉的人和陌生人的方式；

对于自己友情的维系；

面对孩子们捍卫自己的权利、表达自己的情感的时候的策略。

在所有这些情景中，孩子会在不断地观察和模仿过程中学到家长平日里常用的社交技巧。

如果孩子模仿的是坏榜样，那么接下来的其他举措都是完全无效的。

所以，如果家长们注意改善他们与人相处时的社交技巧和风格，那么这会帮助孩子们变得越来越好。

直接教育

除了做出榜样外，另一个有效的措施是直接教孩子如何在不同的场合使用社交技能。

劳拉5岁了，正在家里看电视。她7岁的姐姐安娜想要跟她一起玩游戏。

安娜走到她妹妹的身边对她说：

"来，咱们一起来玩洋娃娃吧。"

"可是我正在看电视。"妹妹回答说。

"快点！来跟我玩！"安娜斥责道。

"我不想玩，我想看动画片。"妹妹抱怨道。

这时，姐姐直接把电视关掉了，并且向劳拉命令道：

"我跟你说了你要陪我一起玩。"

劳拉开始大哭着呼叫爸爸妈妈。

来吧，一起玩！

安娜刚刚使用了错误的沟通策略去尝试说服她的妹妹陪她一起玩。然而,面对这种常见的情况,父母们其实可以直接教给孩子们一些更有效的沟通策略。

当一切都平息下来,妈妈对安娜说道:

"妹妹当时正在看电视,想继续看是很正常的。其实你当时完全可以用另外一个更好的小妙招。"

"哪个?"安娜满怀质疑地问道。

"下一次你可以问问妹妹她在干什么,然后再问问她,等她看完动画片后愿不愿意跟你一起玩?"妈妈解释说,"等到妹妹看完动画片了,你可以提醒她。这时她会更愿意跟你一起玩。但是如果她还不情愿,你也不应该向她发脾气。有时候你不也一样不喜欢和她一起玩吗?"

如果你不想玩,也不应该跟她生气。

那么接下来,我们来看看直接教育的特点都有哪些吧。

(1)直接教育是指家长以非常具体且准确的方式直接教孩子在特定

的情境下应该怎么做。在上面的例子中，母亲教姐姐用另一种口吻请求妹妹跟她一起玩，并要选择一个合适的时机——等到妹妹做完感兴趣的事情后。

（2）在刚刚发生的情景里使用直接教育是最有效的。比如，当我们想告诉孩子一个可以替代他（她）刚刚不恰当的做法的更优行为时，孩子通过对比会对更恰当的做法印象最深刻。

（3）家长除了直接告诉孩子如何去做以外，还可以通过场景模拟来使用直接教育这一手段。场景模拟主要用于家长训练孩子在某一特定场景下做出我们希望他们应该做出的行为。

> 泰瑞的妈妈正在帮她演练如何向其他小朋友介绍自己，因为周一小泰瑞将会第一次上舞蹈课。新的社交场合让泰瑞觉得十分缺乏安全感。
>
> 首先，妈妈来扮演泰瑞的角色好给她树立榜样，女儿来扮演班里的其他小朋友，随后她们交换角色。

（4）另外一个教给孩子社交技能的方式是讲故事，或者采用其他形式进行简短的场景预演。家长采取这一方法教孩子掌握正确的行为方式的效果会更好，因为孩子们对理解以故事形式讲述的道理似乎都有一种特殊的能力。

当然，上述的故事都要有一定的目的性，比如需要说明如何使用不同的社交技能。这类故事在很多情况下的框架都是很相似的：举出不恰当的行为方式，告诉孩子这些行为会给他人，以及故事的主人公带来什么样的后果，而后再以具体的方式说明在这种情况下应该使用哪些更恰当的替代策略。

纠正与表扬孩子

让我们来看下面这个情景。

今天是外公马克西的生日。全家齐聚一堂。此时，饭菜已经上桌，但此时外公仍在接听那些送生日祝福的电话。全家人在等着祝贺外公。

可是今年已经8岁的亚历克斯小朋友却没有等大家，自己先开动了。他的爸爸妈妈微笑着说道："大家也看到了，我们的孩子还不懂得等待。"

当一个孩子在上述这种社交场合举止失礼的时候，应该有人出来纠正他。如果他这种行为没有得到纠正，那么孩子会重蹈覆辙并且会在其他的社交场合也使用同样的"伎俩"。

家长不及时当面纠正孩子的不当行为就等同于默许他的这一行为。一旦开始纠正孩子的不良行为，家长就要坚决地让孩子知道他刚刚

的行为是不正确的。

大部分情况下,家长都需要尽可能及时地纠正孩子的不当行为。

家长可以让孩子在事后反思,尤其是让他明白他这样做的时候其他人的感受。

亚历克斯的父母当时应该这样做。

"嘿,安静地等着外公。他还没来,人没到齐不可以自己先吃。"父母纠正道。

"可是我饿了。"亚历克斯回应道。

"那你也要再等一下。我们大家也都很饿,但是要等到大家都到齐了才可以吃哦。"妈妈回答道,"你想想看,外公会喜欢你不等他自己先吃吗?"

从上述例子我们可以看出,纠正意味着:

让孩子知道刚刚的行为是不对的;

告诉他这种行为会给别人带来不好的影响;

给他指出应该怎样做,下一次应该如何处理这种情况。

嘿,你安静些。外公还没来,大家都到齐了才可以吃饭。

除了纠正孩子，家长也需要在孩子表现得当的时候予以表扬，这也是一个非常有效的方法。家长可以祝贺他并且表达出满意之情。

父母表扬孩子就等同于在鼓励其相应的行为方式，同时这也是在用一种非常具体的方式，告诉孩子如何在类似的情况下按照父母所肯定的方式去表现。

> 外公的生日晚宴结束了，亚历克斯对外公说道：
> "外公，您可以帮我打开电视机吗？因为已经到了播放动画片的时间了。"
> "当然可以！"外公满意地回答。
> 等亚历克斯在看动画片的时候，爸爸走了过去并对他低声说道："你刚刚向外公表达请求时表现得很好！你是知道的，外公不喜欢别人乱碰他的东西。"

当一个得当的行为得到表扬的时候，孩子就有极大的可能有同样的行为。

巩固有利于孩子的友谊

同伴往往对于一个孩子有着可观的影响，尤其是8至9岁以后的孩子。

同伴也是孩子们平日模仿的行为榜样。

当一个孩子身边的小伙伴们都是好孩子的时候，他们可以帮助这个孩子养成同样的好习惯、同样积极的态度，以及同样得当的行为准则。

巩固有利于孩子的友谊同时也是一种完善孩子们的社交关系的重要手段。

正确的策略并不是家长去替孩子挑选他的朋友,这绝对不是正确的方法。

无论孩子多大,都应该自己去选择朋友。

家长们要做的其实是鼓励孩子并且为这些有益于孩子发展的友谊提供便利条件。

当我们提到有益于孩子发展的友谊时,指的是以下几点。

那些通常能够接纳并友善对待您孩子的同伴。

行为方式通常与您孩子的年龄相符的同伴。

那些重视学习并表现出与其年龄相符的有责任感的同伴。

那些具有有益于身心发展的日常习惯和业余爱好,且与您的孩子相处融洽的同伴。

总体上来讲,有利于孩子发展的友谊关系是指对于孩子有着积极意义的关系;是那种在同伴们表现出真我的时候,也能够让您的孩子感觉良好的关系。

巩固有利于孩子发展的友谊的表现是家长为那些有利于孩子的友情开绿灯,同时预防那些可能有害于孩子身心发展的友谊。

我们应当留意以下几个要素:

我们为孩子选择的业余活动或者集体活动;

我们为孩子选择的游乐场所；

我们向孩子建议的校外活动；

我们鼓励孩子去发展那些积极的友谊，以及我们为其发展开绿灯的友谊。

当孩子遇到困难时指引他

茉莉亚8岁了，最近她总跟父母抱怨：

"妈妈，学校里有一群男生每天都揪我的小辫子。"

"闺女，你继续说。"妈妈一边继续打电话一边回应道。

"我们学校里那帮男生总嘲笑我的小辫子。"

"但是我很喜欢你的小辫子啊。"妈妈回答道。

"但是他们总来揪……"茉莉亚解释道。

"啊，你别理他们……"

啊，你别理他们就是了……

另外一个教育措施是当孩子在与人相处遇到困难时，家长需要指引他。当孩子在与其他小朋友相处的时候出现了问题，此时正好是家长最应该去正确引导他的时刻。

同时，在这些情况下应当注意避免下列行为和态度：

不关注也不倾听孩子；

忽视孩子的问题或者不予以重视；

使用"佛系"表达，如"生活就是这样"或者"你会发现其实没什么大不了"……

使用过于抽象的表达，如"你不要让他这样做""你不能保持沉默"……

相应地，当孩子出现了此类问题并向您求助时，您应该采取下列措施。

请耐心倾听并表现出理解。

表达出对孩子的支持。

除非别无他法，否则不要直接拒绝回答孩子的问题。尽可能为他提供指引，告诉他具体的处理方法，让他自己去解决。

保持关注和关切。

茱莉亚的爸爸听到了女儿的抱怨：

"茱莉亚，学校里发生了什么事？"爸爸关切地问道。

"他们揪我的小辫子。"

"那他们跟你怎么说的？"

"他们说我发型永远都是一样的。"

"那你是怎么回答他们的？"

"我……什么也没说……"

然后，爸爸开始给女儿解释道：

"下次试着告诉他们说你很喜欢你的小辫子，自己喜欢才是最重要的。你也可以告诉他们，爸爸妈妈也很喜欢你的小辫子，这个发型很适合你。"

重要的是自己感觉好。

接下来我们继续说明用于改善孩子社交关系的通用教育手段，同时建议家长们也要了解你们的孩子是怎样与其他孩子相处的。

家长们有责任持续关注孩子的情况，以便在需要的情况下适当给予孩子必要的引导和帮助。

具体来讲，家长们应该了解以下几点。

您的孩子与他的朋友们的关系如何？

为什么小朋友们会表现出偏好行为？

孩子在他的社交关系中遇到了哪些困难？

了解孩子的情况并保持关注

为了能够了解孩子的情况并保持关注，家长们可以选择以下几种方式。

1. 观察他们

观察孩子是如何在日常的场景下与其他小朋友交往的。比如，在公园这种场合，孩子是怎样对待其他小朋友的，其他小朋友又是怎样对待他的。他如何解决分歧？他都表现出了哪些方面的偏好？

2. 关注孩子所讲述的

当您的孩子跟你们讲述任何与他和朋友们交往相关的事，你们请认真聆听。此时正是你们跟孩子对话、去引导他的完美机会。

3. 向老师了解

老师们每天会同您的孩子度过很长的时间，因此他们非常了解孩子。您可以在家长会或者其他机会向老师询问孩子的交往问题。老师们会详细地告诉您孩子在这方面的风格、社交技巧，以及平时您的孩子更愿意跟哪些朋友交往等细节。

同样您也可以询问孩子参与的其他活动的相关负责人，比如，体育老师或者其他活动的辅导员。

4. 邀请孩子的朋友们来家里做客

另外一个好的策略是偶尔邀请孩子的朋友们来家里一起玩或者一起吃饭。这可是一个了解他们的好机会，家长们可以趁机在旁观察孩子们的举动，看看他们相处得如何。

总之，我们刚刚向各位家长推荐的用来保持对孩子持续关注的措施有：

观察他们；

关注孩子所讲述的；

向老师了解；

邀请孩子的朋友们来家里做客。

不要过多地干预

若您想要帮助孩子改善他的社交关系，也可以使用下面这个技巧：不要过多地干预。

正如我们在本章前面所讲到的，家长们的态度应当是更倾向于引导、给出指令、监督或者为孩子的交往创造有利条件，而不是一味地去牵着他走。

爱管闲事的家长们通常会采取以下行为。

大人试图直接解决孩子们之间的常见问题。请看下面的例子。

蒙塞和杰玛今年都9岁了。她们是一个班的同学。但是昨天上午她们过得很不开心，因为在课堂活动时杰玛更愿意坐在另外一个女同学旁边。蒙塞把这件事情告诉了她的爸爸。

今天两个小姑娘已经和好了，还手拉着手走出了学校。正在此时，蒙塞的爸爸由于还在心疼自己的女儿，于是没有克制住自己便上前大声呵斥杰玛道：

"瞧瞧你昨天对我女儿做的好事！"

杰玛的爸爸此时也赶了过来，心疼地问他女儿：
"发生什么了？"
没想到，此时两个小姑娘都嘲笑她们的父亲道：
"什么事都没有！我们已经和好啦。"

没关系，我们又是朋友啦。

另外一些家长，往往在某些方面过度保护自己的孩子。

还有一些家长，往往包办孩子的社交活动，不给孩子留有自主发挥的空间。

问题在于当家长们过多地干预孩子的社交行为时，更多的是站在成人的角度考虑问题的。孩子们却比家长们灵活得多，他们并不像大人那样记仇，他们的确爱发脾气，但也很容易和好。

因此，当家长们介入孩子的关系时往往会适得其反：不但无法培养孩子自己解决问题的能力，往往还会使事情变得更糟。

在特殊情况下需要直接介入

虽然我们在上面一节刚刚提到不要过多地干预，但在一些特殊情况下，家长们还是需要直接介入的。但介入仅限于以下特殊情况出现时：

当您的孩子身体或心理上正在受到伤害的时候，尤其是当双方力量悬殊时，您更应该介入；

孩子现在的能力不足以应对当时的情况；

主要负责人并未及时介入；

最后，当客观情况的确会对孩子造成伤害且以上措施都无效时，父母方可直接介入。

> 胡安所在的足球俱乐部最近总是怪事连连。他总是腿上带着淤青，一瘸一拐地回到家。
> "都是路易斯干的好事，他最近就知道上脚踢人。他不让别人断他的球。"胡安向爸爸说道。
> 几天以后，胡安从俱乐部回到了家，这次是缠着绷带回家的。终于，胡安爸爸决定去找他的教练谈谈。

家长直接介入的主要目的有以下几点。

保护孩子，让他从糟糕的境况中全身而退；

与相关负责人交流,提醒他们应当在发生情况时及时介入,采取相应的措施;

同时,如果其他孩子的家长在场,也要提醒他们。虽然有时这样的情况会比较棘手。很多家长听不进去其他人对自己孩子的批评和指正,在他们看来,犯错的总是别人。

家长指正孩子们时,要告诉他们在什么地方做错了,以及这样做会造成什么后果。无论何时,如果家长不想让事情变得更糟,给孩子做出坏榜样,当作为第三方介入时,一定要避免威胁、辱骂或者人身攻击。

总 结

我们来总结一下本章我们所涉及的主题:教给孩子正确的社交技巧、教育孩子们处理好人际关系。本章是为解决这方面的困难所提出的措施。我们再次提醒您注意做到以下几点。

(1)巩固孩子与其他孩子的关系;

(2)做出好榜样;

(3)直接教育;

(4)纠正与表扬孩子;

（5）巩固有利于孩子的友谊；

（6）当孩子遇到困难时指引他；

（7）了解孩子的情况并保持关注；

（8）不要过多地干预；

（9）在特殊情况下需要直接介入。

第四章

孩子在人际交往过程中遇到的困难

序言

本章我们将讨论一系列比较常见的问题，这些问题主要出现在3至12岁的孩子在与其他孩子的人际交往过程中，也是家长们比较关心的问题。

我们会讲到孩子打人的问题、有人际交往障碍的孩子的问题；我们也会讲到在小朋友当中不受欢迎的孩子的问题和经常被其他小朋友嘲笑的孩子的问题。最后，我们将指导家长如何帮助孩子解决遇到不良小伙伴的问题。

关于上述所有问题，我们都努力从两方面去分析：一方面分析问题是什么，找出问题所在，并指出是什么因素导致问题的产生；另一方面，从家庭的角度出发给家长们提出解决这些问题的指导意见。

打人的孩子

我们先从孩子打人的问题入手。这个问题在孩子2至5岁的时候比较容易出现。在这一年龄段，有些孩子习惯于通过推搡、敲打、脚踢甚至用嘴咬对方等行为来解决与别人的争执。

孩子们在争抢玩具或者其他东西的时候，在保护自己所属物（一个对他来说很喜欢的位置或者一件轮到他做的事情）的时候会采取这种办法。

> 塞瓦斯蒂安今年3岁多。他还不太能清楚地表达自己的想法。在公园里，当有其他孩子靠近他的时候，他经常会去推别人或者打别人，就好像受到了威胁一样。

孩子的这种反应往往与下列因素有着较大的关系：

孩子自身的性格；

孩子冲动，或者说，孩子不易控制自己的冲动；

孩子语言的发育与其实际年龄不符，造成孩子表达障碍，以至于孩子在环境中被苛求，产生压迫感；

替代行为的缺失；

家庭氛围紧张；

经常接触以暴力解决问题的范本，如动画片、电视节目或者电子游戏。

孩子的这种反应所带来的后果可能会是：

孩子学会了以一种不正确的方式来解决与其他小朋友的争执；

可能会对孩子本身或者其他小朋友造成伤害；

当这种行为已经成为孩子的习惯时，其他孩子就会远离这个孩子，从而这个孩子会变得不受欢迎。

孩子打人该怎么办？

总体的策略：家长需要教给孩子替代暴力的解决办法。这种办法应适用于已习惯通过暴力来解决问题的孩子，并且要与孩子的年龄相符。为此，我们建议家长采取以下措施。

1. 纠正孩子

如果家长恰巧遇到孩子在打另一个小朋友，要立刻、坚决地制止孩子。但制止时不应对孩子吼叫或者打骂孩子。如果我们未能及时制止孩子，孩子就会认为我们默许了他以暴力解决问题的方式。

> 今天，塞瓦斯蒂安又去公园玩了。一个孩子正要上滑梯，但小塞瓦努力阻止这个孩子，因为他自己想先滑下来。这时，那个孩子抱怨道：
>
> "哎呀，让我上去，我要上去！"
>
> 小塞瓦见状抓住了这个小朋友的裤子，试图先上去。
>
> "轮到我玩了！"那位小朋友大叫道。
>
> 塞瓦斯蒂安突然踹了那个小朋友一脚。此时他的父母正好目睹了这一幕，于是立刻上前阻止道：
>
> "这样很不好！不可以这样做！不可以打小朋友！"
>
> 小塞瓦的父母向他说道。他们并没有喊叫，但声音却异常坚定。

> 很糟糕！不能打小朋友！

2.立刻采取措施

> 随后，他的父母把他带到了附近的长凳上，对他说："你坐在这里，你要在这里好好想想为什么不可以打小朋友。"
>
> 就这样，他的父母陪着他在那里待了3分钟，与他的年龄相一致的时间。刚开始，小塞瓦会哭闹撒脾气，但很快就安静了下来。

家长在阻止孩子打人的同时可以采取一个非常简单的措施，比如"暂停时间"，目的是让孩子暂时停止正在进行的活动。孩子多少岁，就让他离开几分钟，尽量不要比这个更久。

这个措施只有在孩子犯错的时候家长立刻采取才最有效。等到回家后再采取"暂停时间"的措施惩罚孩子是毫无效果的。记住，"暂停时间"应当在第一时间采取。

3.直接教授

仅仅纠正孩子是不够的，家长此时还需要教孩子什么才是正确的解决方式:孩子应该去征求小朋友的意见而不是把小朋友推开;孩子应该耐心等待而不是打人;等等。

直接教授这种方式是非常有效的,但家长同样也需要在孩子犯错时当场使用,要等孩子静下来并且可以听进去自己的话的时候再教他该如何做。

孩子年龄越小,家长给出的指令就应该越具体、越明确。

> 等到塞瓦斯蒂安安静下来,妈妈把他带回到滑梯那里并温柔地对他说道:
>
> "你看,咱们不去推别人。咱们在这里排队等,现在该那个小朋友上去滑了。"妈妈说话的同时指着一位正在上滑梯的小朋友。
>
> "看到了吧?现在该你啦。你看,在你后面另外一个小朋友也在排队。"

4. 表扬孩子

除了上述方法,家长也需要注意适当地使用表扬手段。当孩子表现很好的时候,家长应当对他正确的行为表示满意或者祝贺,而这个正确的解决方法,正是家长要教给孩子的。

> 当塞瓦斯蒂安从滑梯上滑下来以后,妈妈在旁鼓励他再去排一次队。
>
> "很好,儿子!回去排队吧,妈妈想看你怎么滑下来。"

孩子望着队伍中的小朋友们再次心生威胁感,此时妈妈在旁说道:

"让前面的小朋友们先上,然后才是你哦。"

听到妈妈的话,塞瓦斯蒂安耐心地等待着,并没有推前面的小朋友,这时候妈妈又说道:"太棒啦,儿子!现在该你啦,不要推别人哦。"

在孩子选择正确的方式来解决争执的时候,家长需要通过表扬的手段来让孩子知道他的做法是对的。

就这样,很好!不要推别人哦。

小结一下,当您的孩子打人的时候,您首先应该采取的措施有:

纠正孩子;

立刻采取措施;

直接教授;

表扬孩子。

解决孩子打人情况的辅助措施

家长可以将以下长效措施与前面所述的措施相结合。

1.改善家庭氛围

如果孩子的行为与家庭的紧张氛围存在直接关联,那家长们就要好好考虑一下了,最起码要考虑如何减少家庭氛围中的紧张感。

2.树立好的榜样

父母的有些行为并不是暴力的,但其中的不当因子还是会给孩子留下不良印象:

当孩子被其他小朋友打了,父母暗示他打回去或者默许他使用这种方式;

给孩子贴上了"爱打人的坏孩子"这个标签,却无法帮助孩子解决这个问题;

父母用粗话来纾解挫败情绪时,对孩子也会产生不良影响;

父母习惯性地用粗暴的方式解决问题。

3.控制孩子收看有暴力倾向的节目

如果孩子长期收看含有暴力倾向的电视节目、动画片或者玩有暴力倾向的电子游戏,家长应当尽量控制,避免孩子再次接触到它们。家长可以让孩子接触一些比较温和的娱乐项目。

4.语言方面的激励

如果孩子习惯打人并伴有语言表达障碍,下面这个方法则是一个您应该优先考虑的措施。首先,您需要先请专家对孩子进行相关评估。

一般情况下,家长使用一些在家即可操作的方法就足够了。但在特殊情况下,孩子则需要更专业的治疗。无论如何,语言沟通上的障碍能够增加孩子的暴力倾向。

5.教孩子常规礼节

教孩子一些典型且简单的礼节,比如征求同意、用"请"来借物品、表达感谢。在孩子遵守上述礼节用语的时候对他进行表扬也是一些能有效帮助孩子改正不良行为的辅助手段。

拜托了……

6. 使用恰当的故事来引导孩子

有一些专门涉及这个问题的故事。这些故事中经常会告诉孩子这么做会产生什么后果，以及这些后果会给打人的一方和被打的一方带来什么样的影响。值得强调的是，所有这些故事都会告诉孩子如何逐渐克服暴力行为，有哪些可以更好地解决纷争的办法。

综上，解决孩子打人这一问题的辅助措施有：

改善家庭氛围；

树立好的榜样；

控制孩子收看有暴力倾向的节目；

语言方面的激励；

教孩子常规礼节；

使用恰当的故事来引导孩子。

有社交障碍的孩子

在本节中我们将探讨3至12岁的孩子在人际交往过程中遇到的其他困难，即他们很难与其他小朋友建立交往。我们来看下面这个故事。

克劳迪娅总是一个人独处。她今年已经7岁了,总是会找各种借口来逃避课间娱乐。

就算到了院子里,她也是一个人溜达。有时候其他孩子会带她一起去玩,因为老师平日里经常告诉大家要跟克劳迪娅一起玩。但一有机会,克劳迪娅就溜走了。

克劳迪娅!

这个案例反映出,一些孩子由于某些原因,对于与其他孩子建立交往具有恐惧心理或障碍。这种心理经常表现为以下几个方面。

在诸如课间、公园娱乐区和排队这些本应集体参与的场合或活动,这些孩子偏偏喜欢独处。

他们并不公开拒绝与其他孩子相处,而是试图避开那些场合或者悄悄地溜之大吉。

他们通常并不会被其他孩子拒绝,而正相反,其他小朋友会邀请他们并带他们一起玩。但是,有时这些小朋友会嘲笑和戏弄他们。

当他们与别人交往时,通常很少和其他人在一起,或者他们之间的关系极其不稳定。这是因为他们不知道该如何处理。

这些孩子平日也更习惯跟大人在一起。

这个问题在3至12岁期间的任何年龄都有可能出现。导致孩子这样的因素通常有以下几点。

孩子的自身性格。

孩子在家被过度保护，在很多方面都十分依赖父母。

很多时候这些孩子平时与大人相处的时间远远超过与其同龄孩子相处的时间。

这些孩子的家长本身的社交圈就很窄。在其他情况下，虽然家长的社交很频繁，但是孩子并不参与其中，只是与保姆或者家里的其他成员待在一起。

无论如何，这些孩子的共同特点是缺少应有的与同龄人正常交往的人际交往能力。

孩子有社交障碍，该怎么办？

我们的目的不是一定要让孩子的朋友圈有多广。不可否认的是，有些孩子的确比一般的小朋友更善于人际交往。

我们的主要目标是让孩子懂得评价自己的人际关系，能够以一种舒适的方式处理人际关系，并且以正常的频率与其他小朋友建立关系。

孩子的行动很大程度上取决于形成现状的那些因素,但是父母们大致上应该遵循的策略如下。

1.为孩子创造积极的人际交往机会

本策略的重点在于为孩子创造与同龄人交往的机会并确保孩子在人际交往中尽可能都是积极的。家长可以用很多方式来实现这个策略:

让孩子参加他喜欢的校外活动,在这些活动中孩子能够与其他小伙伴保持交往,而且他们拥有共同的兴趣;

给孩子创造机会让他与喜欢的小朋友相处,在相处的过程中孩子能感到舒服且被接受,这对他来说同样也是很积极的方式。

> 克劳迪娅喜欢下棋。于是她的父母在学校里给她报名了下午的棋艺兴趣班。

2.鼓励孩子多跟喜欢的小朋友在一起

如果孩子对一些小朋友表示出信任和兴趣,那么家长可以让孩子多跟他们在一起,但是要注意不要过度给孩子压力,也不要过多地参与其中。

一个比较不错的方式是建议孩子邀请他的朋友们来家里玩一个下午,因为在家里这些有社交障碍的孩子会更有安全感。

> 克劳迪娅跟棋艺班里的一个叫劳拉的小女孩相处得还不错。妈妈问她:
> "克劳迪娅,你想邀请你的朋友来家里吃午饭吗?"
> 克劳迪娅表示很感兴趣,于是今天就对她的小朋友说道:

"嘿，劳拉，明天下午你可以来我家吃午饭吗？"
"当然可以啦！但是我要先跟我的爸妈说一下。"

明天你可以来我家吃饭吗？

3.直接教授孩子一些人际交往技巧

出现社交障碍的孩子通常都缺少一些基本的人际交往技巧，而这些人际交往技巧对于开始或者维持一段友谊是必需的。

家长应该教授孩子们的人际交往技巧包括：

如何跟朋友打招呼；

如何介绍自己；

如何提问以便开始或者维持一段对话；

如何与人寒暄；

当一位伙伴获得了成就时如何祝贺他；

如何给其他人推荐活动或者游戏；

提出什么问题能使其他人感兴趣；

如何避免令人反感的话题；

如何鼓励他人。

4.避免给孩子贴标签

给孩子贴上"腼腆"或者"孤僻"这类标签不仅对孩子毫无益处，反而会使孩子变得更加不易于相处。所以，请尽量避免使用这些标签字眼。

孤僻

5. 表扬孩子的进步

家长要学着表扬孩子所做的努力和取得的微小的进步。

> 终于，劳拉来到了克劳迪娅家吃午饭。当她走的时候，克劳迪娅的妈妈问女儿：
>
> "你喜欢劳拉来家里做客吗？"
>
> "嗯……"克劳迪娅无精打采地答道。
>
> "但是妈妈喜欢。"母亲回答道，并补充道：
>
> "你们一起过得很愉快。如果你愿意，可以再次邀请她或者其他小朋友来家里做客。"

6. 给孩子一些能够促进他与其他小朋友交往的玩具

给孩子准备一些他跟其他小朋友一起玩的玩具，可谓是家长们可以采用的一条妙计。比如，一个球，它可以帮孩子找到玩伴。当然这些玩具也可以是任何露天游戏用具或者桌游。

7. 检视家庭内对于人际交往关系的态度

家长们也应该分析一下家庭里对于人际交往关系的态度，因为这些态度对于孩子来说是效仿的榜样。

这种方式主要是要检视您的家庭是否有社交活动，您的孩子是否参与到这些社交活动中。

> 克劳迪娅的父母虽然偶尔会跟他们的朋友们出去约会，但几乎从来都是把闺女留在家里，因为这样能让他们玩得更轻松。
>
> 但是，这一次大人们决定带上他们的孩子，为此，他们挑选了一个适合孩子们的地点。
>
> 这就使得克劳迪娅有更多的机会去与他人交往，这一举措会帮助她变得更善于交际。

8. 咨询专家

如果在采取了上述措施之后孩子依旧回避与其他小朋友交往，此时家长有必要采取另一种措施。

如果孩子年龄已经超过了8岁，而这种人际交往障碍仍在持续，家长就需要重视了。

对于这种情况，家长最好找一位专家来评估一下孩子问题的严重性，并为孩子制订一个更加系统化且更有针对性的干预计划。

总之，我们在本节中建议家长们采取的帮助有社交障碍的孩子们的几条措施如下：

为孩子创造积极的人际交往机会；

鼓励孩子多跟喜欢的小朋友在一起；

直接教授孩子一些人际交往技巧；

避免给孩子贴标签；

表扬孩子的进步；

给孩子一些能够促进他与其他小朋友交往的玩具；

检视家庭内对于人际交往关系的态度；

咨询专家。

不受欢迎的孩子

在本节我们将谈到孩子在人际交往中会遇到的另一个问题。

当我们提起不受欢迎的孩子时，指的是那些不怎么被其同龄人接受的孩子，那些被他们排挤、在某种程度上不招人喜欢的孩子。

这些孩子会与其他孩子交往，但往往都是通过一种令别人和自己都不满意的方式。这种情况通常发生在5岁以上的孩子身上。

> 罗伯特今年8岁，他班里的同学是这么评价他的：
>
> "我不知道为什么……他总是嘲笑我们中的某些人。这让我们很反感。"一位女同学说道。
>
> "你要是不按照他的要求做，他就大喊大叫、暴跳如雷，他太喜欢命令别人了。"另外一位男同学说道。
>
> "没法跟他一起玩，他总给别人设陷阱。"
>
> "在班里他一点都不乖，而且不写作业。"

"他的东西永远是最好的,他总瞧不起别人的东西。"另一位同学说道。

就像罗伯特那样,这类孩子的行为特点基本表现为:
嘲笑他们的同学;
对别人发表不当的看法;
不遵守基本规则;
总是想要事情按照他们的想法进行;
不接受在游戏中输给其他孩子;
有的时候他们的反应很具有攻击性;
觉得自己的物品才有价值,贬低他人物品的价值;
缺乏与别人正确交往的能力和技巧。

孩子不受欢迎,通常与以下因素相关:
他们缺乏换位思考的能力,无法站在他人的角度思考问题,也无法理解别人的困难;
这一类孩子把与其他小朋友交往的关系看成是对立或带有敌意的,他们需要通过这种方式来保护自己和自己的物品;
这一类孩子的性格一般都是冲动型的,平时就很难控制自己的情绪;

很多这类孩子的家长溺爱孩子,这导致这类孩子早已习惯其他人向他们的任性妥协;

在家庭内部相处时,这类孩子的父母也都采用这种相处方式,这类"坏榜样"会对孩子造成较大影响。

这种关系往往会导致以下结果:

这类孩子会经常与其他孩子发生冲突;

当孩子持续以这种方式与别人交往,这最终会导致其被人远离,甚至会被孤立。

孩子不受欢迎该怎么办?

为了改变这种情况,家长们应当采取一切通用的手段来帮助孩子逐渐改善那些不好的人际交往习惯,教他们应该如何正确地与他人交往。为此,我们建议各位家长应循序渐进地采用下列方式。

1. 家长以身作则

无论孩子年龄多大,家长们都应该首先成为孩子在社交方面的榜样。

孩子看到他的父母是怎么对待他和别人的,在与其他人的交往中也就会使用这种方式。

罗伯特的父母有时也会很容易焦虑，因为孩子的表现会使他们无可奈何。

2.家长直接教给孩子正确的方式

在很多情况下，家长只告诉孩子不应该骂人、不应该这样那样地评论别人是不够的，还应当教会孩子在一些情况下如何正确地对待别人。

为改变上述情况，孩子首先应该学会的能力包括以下几点：

学会正确问候和告别；

学会微笑；

学会去寒暄，而不是嘲笑或者吐槽别人；

学会祝贺别人；

学会遵守规则，在游戏中获胜和失败时应该怎样表现，而不是给别人设圈套，或是一旦输了就发怒；

学着去鼓励别的小朋友；

当被别人嘲笑时，学会保护自己。

上述基本能力家长既可以直接教给孩子，也可以在家中通过一些场景模拟传授给孩子。

> 罗伯特的父母正在尝试着在家里教罗伯特一些技巧，尤其是怎么跟小朋友打招呼、怎么去寒暄，以及当小朋友获得成就的时候怎样去祝贺他们。

无论哪种情况，家长给孩子的指令应该是足够具体、准确的。

3. 发展孩子的换位思考的能力

如果您的孩子已经7岁了或者更大，你们就可以带着孩子反思，当孩子对其他小朋友不好时他的感受是怎样的。

> 罗伯特的妈妈从老师那里了解到情况后，跟罗伯特这样说道：
> "孩子，你想想看，换作是你，当别人把你所说过的那些话都用在你身上的时候，你会是什么感受？"

如果你对别人说的那些话别人讲给你，你会怎样想？

4. 表扬从最初的进步开始

当一个孩子开始改善他的社交关系时,哪怕这看上去只是很小的进步,家长也要祝贺他们、鼓励他们,并对他们的进步表示满意。家长的做法会让孩子知道他们的做法是正确的。

5. 纠正孩子

当孩子以一种不恰当的方式来处理他的社交关系时,家长应当及时、坚决地纠正。你们必须明确地告诉孩子,他的处理方式是不对的,你们不希望他这样与人相处。

6. 鼓励积极的友谊

家长要尽可能地为孩子提供好的环境,鼓励他与他喜欢的朋友相处,同时孩子的需求也能得到满足。有时,孩子在和与他志趣相投的伙伴交往或者与少数小伙伴一起玩的时候更容易做到这点。因为这些时候,孩子能够觉察到自己可以更好地控制局势。

总之,对于那些不那么受其他小朋友欢迎的孩子,他们的父母可以采取以下措施:

家长以身作则;

家长直接教给孩子正确的方式;

发展孩子的换位思考的能力;

表扬从最初的进步开始;

纠正孩子;

鼓励积极的友谊。

总被嘲笑的孩子

本节我们主要写给那些被其他人嘲笑且并不知如何保护自己、如何去面对的孩子。

这种现象经常发生在6至9岁这个年龄段孩子的身上。

当然，我们这里讲的嘲笑并非指带有侮辱、威胁或者恐吓性质的漫骂。这里讲的是那些孩子间常见的嘲笑，主要集中在以下几个方面。

关于身体外貌的：戴眼镜、肥胖、发型或者卫生方面的；

关于衣着风格：孩子衣服、鞋子或者外套的款式；

关于孩子在教室里的表现：往往好学生会成为嘲笑的目标；

关于家庭，父母兄弟姐妹的样貌、工作或者汽车等，这些因素也都可能成为孩子被嘲笑的因素。

> 茱莉亚7岁了，为了让牙齿长得更整齐，她刚刚开始戴上牙套。然而，最让她头疼的不是牙套，而是自那以后班里那群总嘲笑她的孩子。

上述情况所造成的后果可能是多种多样的，但尤其会造成孩子的反感心理，可能会导致孩子发怒、害怕、做出暴力的反应，或者对学校和任何可能会被他人嘲笑的场合产生消极心理。

> 这些嘲笑让茱莉亚非常难受，所以她跟她的爸爸妈妈说她想停止治疗。

孩子被嘲笑该怎么办？

嘲笑虽然是件小事，但它所造成的影响确是长远的。

毫不夸张地说，如果这个情况没有得到妥当的处理，那么会演化成长期的问题，并可能造成更严重的连带后果，如校园暴力。

因此，对于孩子被嘲笑的问题，家长们应当给予最高的重视，因为这不单单是"小孩子的事情"。

如果您的孩子也被别人嘲笑，那么我们建议您做到以下几点。

1. 接受并倾听孩子的抱怨

6至7岁的孩子经常会在家里抱怨这种问题。此时家长们首先要做的是接受并安静地聆听孩子的话，不可以直接指责孩子不懂得保护自己，或者责备孩子弱小。

家长们过分地表示出担忧也是不应该的。

家长聆听孩子的同时也需要对以下两个方面进行评估：

孩子是如何看待这种来自同学的嘲笑的：是把它当作一种烦恼、一种担忧、一种恐惧、一种焦虑，还是表示出不愿去上学；

孩子所遭受的是仅限于嘲笑，还是也遭受了更多其他的伤害，如敲诈、威胁或者人身攻击等。

茱莉亚的父母对她说道："你为什么想摘掉牙套呢？"

"因为他们整天嘲笑我。"女儿抱怨道。

"他们嘲笑你？"妈妈问道，"他们都跟你说了什么？"

茱莉亚给父母讲述了那群孩子是如何嘲笑她的。

你为什么想摘掉牙套呢?

2. 评估问题的严重性

有的时候,一些嘲笑是有一定依据的。比如,一个孩子身上的气味特别大,也不讲究卫生。在这种情况下,家长首先要做的是对症下药,先从孩子自身找原因。

3. 跟孩子一起思考被嘲笑的原因

比如,当嘲笑主要集中在孩子戴眼镜这个问题上时,家长有必要让孩子知道眼镜是他所需要的东西,其他人,包括一些重要的名人也戴眼镜。

茱莉亚的妈妈对她说:
"很多人,包括大人,都戴牙套。你现在需要牙套是为了让你以后变得更好看。"

现在你需要它,等坚持下来你就会变得更好看。

4.教给孩子应对嘲笑的技巧

家长可以教孩子以下技巧去应对他人的嘲笑。

跟嘲笑他的人说明，嘲笑会令他不舒服，他不喜欢被嘲笑，也不希望他们继续嘲笑他。

提醒嘲笑他的人，他并没有嘲笑过他们。

一旦孩子说明嘲笑会令他很不舒服，家长可以建议孩子暂时忽略嘲笑一段时间。在这期间内，孩子不需要理睬，也不需要对此做任何评论。家长或者可以建议孩子暂时与那些嘲笑他的人保持距离。

如果上述技巧都不奏效，家长可以教孩子以下几种语言应对方式。

> "你为什么总这样？"
> "我看你除了嘲笑别人也不会做其他更聪明的事情了。"
> "你是在嫉妒我吧，所以你才骂我。"
> 或者其他类似的话。

家长除了直接教给孩子这些技巧外，还可以通过在家中进行情景模拟来进行练习。

> 茉莉亚的父母给她鼓气并教给她一些小技巧来面对那些嘲笑，然后茉莉亚也将这些技巧付诸实践。

另外还有一些辅助手段，家长可以在必要的时候使用。

1. 跟老师沟通

如果孩子是在学校里被嘲笑的，家长在采取了上述手段后仍未能有效解决问题的时候，那就有必要跟孩子的老师进行沟通，告诉他孩子的情况。老师就会考虑这种情况并想办法解决，毕竟他是校园里最直接对孩子负责的人。

2. 不要直接去找那些嘲笑者

家长直接去指责那些嘲笑他们孩子的人是不对的，当然，去威胁他们更是不可取的。通常来说，家长这样做会使情况变得更糟。

3. 提升孩子个人的自主性

孩子如果被家人过度保护的话，他们会在别人的嘲笑面前显得更加脆弱。所以，提升孩子个人的自主性能够从长远角度帮助孩子面对这些问题。

4. 鼓励孩子建立让他们感到满足的友谊

鼓励您的孩子与他喜欢的、和他有共同兴趣的，以及容易接受他的小朋友们建立让孩子产生满足感的友谊也是一个非常棒的辅助手段。

下面我们总结一下在家中帮助孩子面对嘲笑的几个方法：

接受并倾听孩子的抱怨；

评估问题的严重性；

跟孩子一起思考被嘲笑的原因；

教给孩子应对嘲笑的技巧；

跟老师沟通；

家长不要直接去找那些嘲笑者；

提升孩子个人的自主性；

鼓励孩子建立让他们感到满足的友谊。

孩子结交不当的友谊

3至5岁的孩子他们的友情和社交通常是灵活且偶发的。友情的羁绊还没那么强烈，因为他们仍在经历以自我为中心的阶段，此时的他们尚不具备换位思考来建立友谊。

即使这个年龄段的孩子已经有了偏爱心理，我们也可以肯定地说所有的孩子都是可以和任何小朋友交往的。

通常，从8岁以后，孩子间的友情会相对更加稳固。

有一种特殊的情况，即您的孩子结交了一份于他明显有害的友谊，这对他的安全意味着风险。

对于12岁以下的孩子，我们所说的当他与别的小朋友交往时遇到的不利于他发展的友谊有以下特点：

与他相处的孩子有明显不良的行为习惯；

不在乎学业或者对学业毫无兴趣；

时常会做出不负责任的行为；

有着不符合他们这个年龄的嗜好；

不善待别人。

在下列情况下，这种友谊会变得更加危险：

孩子非常依赖这种友情；

孩子会减少甚至完全丧失自我能动性，因为他早已深陷于他的那些"坏朋友"所带来的幻想、压力甚至威胁中。

当事情发展到这一步，父母们必须重视起来了。父母们仅仅表示遗憾或者告诉孩子"我不喜欢你的朋友们"是远远不够的，这时该行动起来了。

孩子结交了不利于他的友谊该怎么办？

如果您怀疑您的孩子结交了不良的朋友，我建议您采取下列措施。

1. 了解孩子的朋友并对他们保持关注

首先，家长不应该被第一印象或者偏见所误导，有必要更客观地了解一下孩子所认识的这些朋友。为此您最好做到以下几点。

认真听取孩子平时跟您说的关于他的伙伴的话：他们都做了什么？他们的学习情况如何？他们的兴趣爱好有哪些？为什么跟他们交朋友？

如果孩子从来不在您面前评论他的小伙伴们，跟您谈起关于他们的问题，那么，这就可能是第一个值得怀疑的地方了。

家长可以通过邀请孩子的小伙伴到家里做客直接了解他们。如果必要的话可以多次邀请,以便可以直接跟他们接触,从而了解他们的性格和态度。这是一个直接了解他们的绝佳机会。

2.跟孩子一起思考

一旦得出结论,那些小伙伴会给孩子的成长带来伤害,家长们就要采取行动了。首先,跟孩子一起反思为什么你们认为他们的友谊是不利的。家长们可以跟孩子讲出为什么他们不适合交往的原因,以及继续交往会带来什么后果。

3.为孩子寻找替代解决方案

帮助孩子扩充他的朋友圈,从而避免孩子只跟"不良伙伴们"接触。同时丰富孩子的校外活动,比如运动队、计算机课程或者任何能为他带来新的友谊的机会。

如果您确定了孩子的"小伙伴"会对孩子不利,就不要再让他们继续交往了。

4.阻止孩子参与某些活动

直接阻止孩子参加一些活动,比如:去打电玩、独自跟他的"坏伙伴们"去游玩、与他不认识的大孩子交往或者参与可能会带来风险的活动。如果孩子结交的伙伴会对他造成伤害,家长就没必要因为阻止孩子与他们交往而感到不安,因为这才是真正为自己的孩子好。

同时，为了避免您的孩子会因此感到被疏远，家长同时要尽可能地鼓励孩子与其他小朋友交往。

概括来讲，当家长发现您的孩子结交了"对他有害"的伙伴的时候，可以采取以下措施：

了解孩子的朋友并对他们保持关注；

跟孩子一起思考；

为孩子寻找替代解决方案；

阻止孩子参与某些活动。

第 五 章

校园暴力

如何定义校园暴力？

本书的主要目的是分析孩子的社交关系，所以，我们觉得有必要专门通过一章来分析一下校园暴力这一问题，主要原因如下。

首先，这一现象虽然只是少数情况，但仍是在孩子人际交往过程中困扰孩子和家长的一大问题。

其次，虽然这个问题是当今社会上比较突显的问题之一，但关于这个问题的信息非常有限。所以，我们认为家长们有必要掌握一些方法来更好地理解和定义这个问题。

最后，由于本书所涉及的群体是12岁前的孩子，而对于这个年龄段的孩子，家长们更易于从家庭内部采取预防措施并提前发现孩子的某些征兆，从而更有效地帮助孩子。

在本章的第一节，我们来了解一下校园暴力这一现象都有哪些特点。

1.校园暴力的特征

有时，人们在描述同一种情况时会使用不同的术语。实际上，校园暴力指的是发生在学校的同龄人之间的虐待行为。孩子们之间的虐待行为可能发生在课间活动、体育活动或者文化活动等场合中。无论发生在哪里，我们都可以通过以下标志来判断这一现象：

会对一个或一群孩子造成身体或心理伤害的意图；

在时间上是有延续性的，不仅仅是一次性事件；

存在着明显的力量悬殊，导致受害者很难抽身。

2.表现为不同形式的暴力

同龄人之间的虐待行为通常表现为以下几点。

口头暴力，如：起外号、嘲笑、散布谣言、喊叫或者恶语伤人。孩子有时可以依靠很多途径来达到此目的，比如通过其他孩子，或者通过电脑、手机上的聊天软件，或者当面实施。

心理暴力，如：敲诈，利用孩子的弱点或者让孩子一直处于缺乏安全感的状态下而不知道下一次的暴力何时袭来。

孤立：最后一种方式往往迫使受害者被孤立、被边缘化。

3.易发年龄段

最典型的暴力现象往往出现在孩子11岁以后。不过，也有很多典型征兆会在这个年龄之前就出现，其特征大致如下：

孩子出现排他性的竞争，并由此产生嫉妒、仇恨的心理；

部分孩子习惯给别人取绰号，并以取笑他人为乐；

部分孩子会给其他孩子贴上标签，设置诸如"小丑""跟屁虫""糊涂虫"等角色标签。

如果连父母都肯定孩子的排他性竞争，默认孩子贴标签和嘲笑其他孩子的行为是"小孩子伎俩"，那么校园暴力现象会更加严重。

4. 暴力的参与者

在校园暴力中通常有3种角色：

施暴者，那些控制一个受害人或整个团体的孩子；

暴力事件的受害者；

观众，目睹暴力行为的其他孩子。

5. 观众

观众指的是那些目睹了暴力行为的孩子。他们在暴力事件中并不会起到积极的作用。相反，他们推动了暴力事件的发生——没有观众就没有暴力。

施暴者地位的巩固会加强暴力的强度，此时施暴者会更加猖狂，而受害者则会被进一步孤立。那些充当观众的孩子也会孤立受害者，因为他们大多会认为，有了这个"替罪羊"，他们就会免遭迫害。

观众们通常会错误地把"沉默法则"当成"正义感"的体现，因为他们认为举报的人会遭到惩罚。

对施暴者的恐惧使得观众们将迫害理解为游戏规则中的一部分，或者说，这种恐惧让他们相信受害者是罪有应得。

6.施暴者需要观众

观众是很重要的。如果没有观众,很多时候施暴者就不会行动。施暴者需要观众是为了显摆他的权力。所以,他需要观众。当然,施暴者也要逃避老师或者家长们的监督以使他们的施暴行为能够得逞。

7.校园暴力事件易发地

最后,同龄人之间的迫害时常发生在某些特定的地方或者时段,我们将其称为"热区域"。这些区域往往包括:

没有人监视的游乐区;

课程临时被更改,教师会晚到的教室;

学校的卫生间、更衣室或其他区域;

较长的无人监管时段;

校车;

学校的出口或者其他课外兴趣班的入口。

综上所述,我们上面指出的关于校园暴力的内容主要有:

校园暴力的特征;

表现为不同形式的暴力;

易发年龄段;

暴力的参与者;

观众;

施暴者需要观众;

校园暴力事件易发地。

怎样判断您的孩子是否为校园暴力的受害者？

孩子之间短暂的争吵、不愉快的玩笑，或者经历了某个特定的时刻，这些都不是小事，但并不能被称为"暴力"。

正如我们上文指出的，暴力的特点之一是持续性。

然而，下面的一些现象标志着您的孩子可能正在遭受暴力。

孩子时常抱怨有人招惹他、骚扰他的生活或者打他。

孩子长期不愿意去学校或者找各种理由缺席。比如：他不舒服、肚子疼等。

孩子在学校每天都会丢失学习用品。

孩子会表现出悲伤或者焦虑的情绪，周日的下午则尤其明显。

孩子回到家时衣物上有破损，身上时常伴有淤青抑或是其他伤痕，并且总能找出理由来解释。

此外，还有一些不太明显的标志包括：

孩子的学习成绩无缘无故地变差；

对他平日爱好的玩具或者业余活动失去兴趣；

不再关注他一直相处的朋友；

孩子的情绪会无故突变；

孩子会出现返幼行为，比如又开始尿床了；

孩子在家里会变得更叛逆；

孩子跟亲兄弟姐妹的关系恶化；

孩子会开始做噩梦，总在半夜惊醒。

如果您的孩子是受害者，您该怎么办？

如果孩子出现上述现象，家长应持有以下态度。

1. 倾听孩子的抱怨

家长需要倾听并认真考虑孩子的抱怨。家长这么做一定要谨慎，既不可草木皆兵也不要疏忽大意。家长们必须认真听取孩子的情况并始终保持警觉。

2. 支持自己的孩子

家长应该让孩子感到你们会无条件支持他，但是不要给孩子造成一种压力，让孩子感觉家长总是在不断地向他索要信息、给他传递不适感或者给他"保护好你自己""你要直面他们"或者"你不要保持沉默"等过于严苛且不明确的指令。

3. 帮助孩子消除愧疚感

很多情况下，孩子遭受了校园暴力后会丧失自尊心，并表现出愧疚感，因为他们觉得自己无法保护自己，也因为最终相信他们所经历的这一切是他们应得的。无论什么时候，家长都应该告诉孩子，他们不应该遭受这种事情，没有理由要经历这一切。

4. 收集相关信息

如果您越来越怀疑孩子是校园暴力的受害者，那么就需要着手收集相关的信息了：暴力事件是如何发生的？发生在哪里？都有谁在场？都包括了哪些行为？

上述信息您可以直接询问身为受害者的孩子，如果您时常参加家长会的话，也可以利用这个机会询问其他家长们。

如何发生的？在哪里？都有谁在场？为什么发生？

5.与相关责任方沟通

如果暴力事件发生在学校或者其他由成人监管的活动场所，家长们必须直接通知相关方，比如告知学校的领导，以便他们可以采取下面的措施：

调查事情经过；

采取措施保护受害者；

对导致暴力事件的施暴者采取教育和纠正措施。

6.给孩子建议

在上述情况下，家长应该明确给孩子提出以下建议：

要求孩子明确告诉施暴者，自己不喜欢这样；

如果告知无效，暴力持续的话，只要没出现人身伤害，孩子可以先尽可能地不理睬、不关注、不回应施暴者；

告诉孩子，无论遇到任何情况，都要尽快通知老师；

保持对这种现象的警戒心：远离施暴者、避免去卫生间等风险区、当大家休息时待在班里等。

7.家长不要直接接触施暴者

我们不建议家长直接接触施暴者。当一个成年人介入孩子间的纷争时，事情往往会变得更糟。

我们更不建议您直接找到对方的家长,这样可能会造成很不理想的结果。

8.寻求专家的帮助

在必要情况下,家长需要让孩子接受专家的帮助,为此,我们建议家长咨询有相关经验的心理医生或者儿科医生。

通常来讲,当暴力事件给孩子带来了严重的不适感并影响到了孩子的正常生活、学习、与家人的关系,以及课余兴趣时,我们建议家长去咨询专家。

9.检举暴力事件

虽然现在还没有针对这个年龄段的孩子的刑事处罚,但是家长们也可以向司法机关检举此类事件,这样做的目的在于促进司法机关采取适当的措施。

当事情进展到这一步,家长必须尽可能地收集全部能为检举佐证的证据和证人,比如伤残证明(如致伤残)、恐吓邮件、恐吓短信、威胁信息,以及其他相关证据。

总之,当家长怀疑孩子遭受了校园暴力或者其他任何形式的同龄人的虐待行为时,可以采取以下应对措施:

倾听孩子的抱怨;

支持自己的孩子;

帮助孩子消除愧疚感;

收集相关信息;

与相关责任方沟通;

给孩子建议；

家长不要直接接触施暴者；

寻求专家的帮助；

检举暴力事件。

预防措施

3至9岁这个年龄段是采取措施、预防校园暴力事件的最佳时间。为了防范暴力事件的发生，孩子的家人需要集中注意以下两方面。

一方面，家长既要避免此类情况发生，同时也不要让孩子作为施暴者或者观众参与此类事件。

另一方面，如果孩子不幸成了受害者，请家长保护好孩子，让他具备应对此类问题的能力。

我们建议家长在孩子小时候就采用以下措施来预防校园暴力。

1.教会孩子尊重他人

从孩子3岁开始甚至更早，家长们就应该教育他去尊重别人，且具备以下心态：

称呼别人的名字，不要叫别人的外号；

不要在别的同学被嘲笑或者被羞辱的时候产生侥幸心理；

既不要接受别人的嘲笑，也不可以和其他小朋友开恶意玩笑取乐；

在孩子辱骂别人或者以不当的行为对待别人时家长应当场纠正他；

告诉孩子应该尊重他的同学们,在他们受欺负的时候不要参与其中；

帮助孩子明白自己的行为会给别人造成什么后果:别人会有什么感受？会发生什么？会做出什么样的反应？

2.教会孩子以健康的心态看待竞争

有些家长以一种不健康的方式看待孩子的学习、运动或者任何其他需要与别人去竞争的方面。这种竞争中充斥着嫉妒与憎恨。此外,更糟糕的是,这些家长将这种病态的竞争心理灌输给了他们的孩子。其实,在孩子小的时候家长就应该教他以一种竞技的心态来看待竞争,教他懂得有赢也有输。

3.教会孩子做一个负责任的人,不要拿"大家"当挡箭牌

不要拿"大家"当挡箭牌主要指的是教孩子从小就不要接受和使用"大家都这么做"这个借口。相反,家长应该教育孩子慢慢承担起他自己的责任。即使大家都这么做,他也不要参与那些不当的行为。

4.开发孩子的换位思考能力

另外一项措施是开发孩子的换位思考能力,教他在任何情况下都能站在别人的角度去思考"如果换作是别人对你做这件事,你会是什么感觉"。

5.教给孩子适当的人际交往技巧

当孩子遇到冲突时,家长尤其要教会孩子那些可以用来取代暴力行为的解决方式。

从这个角度来讲,就像我们在本书中一直强调的,家长们的榜样作用非常关键。

6. 接受来自重要人士的意见

有些家长从不接受那些对他来说比较重要的人的批评,比如来自老师或者其他一些他比较信任的家长。

其实,这些人正是那些首先察觉到孩子有不正常的心态或者行为的人。如果这些人反复给您提出一些意见,您不要着急拒绝,请保持警觉并且好好观察一下您的孩子。

7. 表现出足够的亲和力

最后,家长要主动与孩子进行推心置腹的交流,让他看到父母是愿意接受和聆听他的想法的,以便孩子一直能感觉到家长的理解和支持。

总之,家长在面对暴力事件时可以采取的预防措施主要有:

教会孩子尊重他人;

教会孩子以健康的心态看待竞争;

教会孩子做一个负责任的人,不要拿"大家"当挡箭牌;

开发孩子的换位思考能力;

教给孩子适当的人际交往技巧;

接受来自重要人士的意见;

表现出足够的亲和力。

第六章

结 论

总结

本书旨在讨论孩子间的相处方式,以及其中遇到的问题。纵观全书,我们都在探讨那些对于3至12岁孩子的父母比较重要的事。

本书以一些关于孩子社交关系的预先思考作为出发点,集中讲述了两方面内容:一方面,讲述了制约孩子社交关系的因素;另一方面,详细阐述了作为这本书的重点内容——社交技巧的特点与社交技能的类别。

接着,我们为家长们提供了一些通用的教育方法,以便父母们能够指导孩子进行人际交往或者改善孩子们的人际交往关系,无论孩子在这方面是否遇到问题。

从更实用的角度出发,我们列出了一些家长认为的孩子在人际交往过程中遇到的主要问题:从孩子打人现象,到孩子结交不利于他的朋友,以及探讨了面对不受欢迎和有社交障碍的孩子时,家长应该怎么做。当然,还有成为嘲笑对象的孩子们。

最后,我们带领家长直面了这个年龄段的孩子在相处过程中可能会出现的一种最特殊但又很重要的情况——校园暴力现象。我们尽可能地阐述了该现象的一些表现,以便家长们能够在遇到这种情况的时候明白并且认清它。与此同时,我们还为家长指出了如何应对暴力现象,以及对于这个年龄段的孩子来讲更重要的一点:家长需要从家庭内部做好预防工作。

结论

我们希望本书能够满足家长们的需要,能够帮助各位家长发掘孩子身上如同人格维度一样重要的另一维度——社交维度。

为了继续开拓您的认知,我们邀请您在接下来的实践章节中继续跟随我们。

同时,如果您对孩子的教育和发展相关的其他方面感兴趣的话,我们也诚恳地邀请您阅读我们的"解决孩子成长难题的八堂国际训练课"丛书系列,因为它们能够解决您的焦虑。本套丛书中的其余书籍延续了与本书相似的风格及结构。

如果您想了解更多关于本书所讲主题的内容,以及学习如何发展孩子的人际交往能力,我们尤其为您推荐丛书中专门讨论孩子行为和习惯问题的书籍,如《第二堂课·如何正确纠正孩子的不良行为》《第八堂课·孩子不听话,该怎么办》《第五堂课·如何让孩子学会遵守纪律》等。

在此,我们再次希望本书能够帮助各位家长达成自己的目标。

第七章

家长提问

家长提问

在本章我们主要回答家长们经常提出的问题。这些问题往往有一些需要澄清的方面,或者是关于孩子们相处时出现的常见问题。

本章也是一个用来深化那些理论并且能在特殊情况下将这些理论付诸实践的练习。

> 孩子在出现人际交往问题后,什么情况下需要去咨询专家?我们可以寻求哪些专家的帮助呢?

当您的孩子满足以下几条情况时,我们建议您带孩子去咨询专家。

(1)孩子表现出明显的人际交往困难:交友障碍、变得不受欢迎或者其他类似的情况。

(2)问题具有持续性,一个参考值是这种情况至少持续两个月了。

(3)这种情况给您孩子带来了明显的不适感,也就是说,严重影响到了孩子的精神状态、学习、课外娱乐,以及跟家人的关系。

(4)您已经采取了一段时间本书中推荐的教育方法却没有得到明显的好转。

如果这4条情况都满足的话,建议家长咨询专家。

家长们可以咨询的专家有以下几种。

(1)学校的指导服务。大部分3至12岁的儿童教育机构都具备某些指导服务。比如,教育指导处。这些服务部门通常由教育学家、心理学家或者心理教育学家组成。在任何情况下,您都可以寻求他们的帮助,尤其是当孩子在学校中遇到了困难时。

这些专家的作用主要是对孩子表现出的问题,以及与之相关的因素进行更深层次的评估。同时，他们也能够提供指导方案和更明确的行动细则。

（2）儿童心理医生。家长们也可以在必要的情况下，咨询具备丰富儿童心理治疗经验的心理专家。

（3）健康卫生领域的服务。在公共社会保障方面有儿童和青少年心理健康小组。这些小组是由心理学家和精神科医生们组成的。如果您的儿科医生或者家庭医生认为有必要的话，您也可以寻求这些小组的帮助。

通常这类小组是为了解决更严重的情况而准备的，这些情况已经符合精神错乱的特征了。

以上就是当孩子表现出上述情况时，家长们可以寻求帮助的对象。

> 学校给我们打来电话告知我们，我们的孩子可能对他班上的一个同学实施了暴力。我们简直不敢相信，这么小的孩子之间也会出现暴力。这有可能发生吗？我们怎么才能知道我们的儿子是否真的是一个校园暴力的施暴者？

虽然校园暴力现象不常见，但这并不意味着它不会发生。直到一段时间之前，校园暴力案例的记录年龄还是在14岁左右。现在我们发现这种情况已经提前出现了。所以，10岁左右的孩子间发生校园暴力是非常有可能的。

如果学校跟家长您反映了这个可能性，建议您不要大惊小怪或者把它看作是人身攻击。学校已经从内部开始警觉这一现象，以便从各方面采取教育手段来帮助孩子们。

在这种情况下，我们的建议如下。

（1）广纳建议。多听取学校方面的论据，客观对待学校提供的证据。

（2）不要一上来就无理地为您的孩子辩护，认真考虑学校提供的证据并好好考量。

（3）是否确实存在一些迹象表明您的孩子正在参与或者主导校园暴力，比如：

是否经常往家里带不属于他的物品；

您的孩子是否之前就比较暴力、不接受拒绝，或者控制欲太强；

是否时常视其他人为自己的威胁。

在这个年龄段，我们的目标是从那些导致他们出现不正当行为的因素出发，帮助施暴者改变他们的心态，否则，未来他们会造成更坏的结果。

> 我的儿子3岁了，几个月前刚开始上学。
> 老师反映他咬其他小朋友，这种情况在幼儿园也经常发生。我们该怎么办？

对于3至4岁的孩子来说，在争抢玩具、谁先谁后、游戏空间或者任何其他所属品的情况下咬别人是时常发生的事情。

上述情况产生的原因如下。

孩子有交流障碍。在那些语言发育迟缓的孩子身上这种情况更为频发。

孩子生活在高度紧张的环境中，或者是家庭中的氛围发生了不好的改变，又或是孩子开始了新的学习阶段，抑或是孩子感觉到自己无法掌控局面。

一些情况下，孩子可通过咬人的行为得到一些好处：得到他们想要的玩具，得到老师的关注，更有甚者，是为了他们的父母能够早一点接他们回家，或者干脆几天不用去上学。

以上这种行为时常发生在校园，所以在学校采取措施最有效。但是，家长们也可以在家采取以下方式。

（1）如果家长目睹了这个情况，则需要当面纠正孩子。比如，在公园里，父母正好看到了孩子在咬人，就要立刻纠正他。纠正的方式可以是坚决地告诉他不可以再咬人，这样很不好。在纠正孩子的时候不可太过激，或者使用口头暴力。

（2）一旦家长开始纠正孩子，就要立即采取手段，比如"暂停时间"。

这个手段是通过暂时让孩子离开游乐场所，并带他到一个无聊但又安全的地方。通常来讲孩子有几岁，就让孩子在无聊的地方待上几分钟。

（3）教孩子正确的处理方法。当"暂停时间"结束后，家长下一步就要明确具体地教给孩子在刚才那样的情况下正确处理事情的方法了。

（4）当孩子不再像之前那样去咬别人了，家长应该及时表扬孩子，并且对此表现出满意。这样可以帮助孩子确立良好的行为习惯。

（5）如果孩子在白天上课的时候咬了别人，但是老师在放学的时候才告诉家长，那么家长就没有什么必要去坚定地纠正孩子或者等他回到家对他使用"暂停时间"了。这种情况下，家长可以采用下面的方式。

纠正孩子，让他明白不可以咬别人，让他感觉到在家跟在学校是一样的。

虽然孩子还小，但是可以试着让他去反思被咬的小朋友是什么感受？如果换作是他自己被咬，他又会是怎样的感受？

避免让孩子通过咬人来达到目的，比如在家里待几天不去上课，或者得到他想要的物品。

（6）如果孩子出现语言发展滞后或者其他沟通方面的问题，一个有效的中期的解决办法就是促进孩子语言能力的发展。为此，您最好咨询孩子所在学校的老师，以便老师为孩子提供指导或者判断孩子是否需要特殊的治疗。

（7）如果在一段谨慎期（最多两个月）之后，孩子的行为仍然没有得到改进，那么此时您有必要咨询专家，以便他们评估一下孩子的情况并且给出最适合您孩子的解决方案。

> 我们只有一个女儿。是不是独生子女更容易产生人际交往方面的问题？

对于孩子来说，兄弟姐妹是他除父母之外接触最早的人。

如果父母能正确处理他们孩子之间的关系，那么孩子会学着去商量、去分享、去让步、去担心并尝试解决与其兄弟姐妹之间的冲突。

独生子女则缺失这部分的人际交往体验。然而，这并不意味着他们，就像上面提到的这位女孩，会出现人际交往方面的特殊障碍，只要他们的父母能够坚持采取以下几项措施。

（1）在孩子小的时候就鼓励他多跟同龄人交往；

（2）多鼓励您的孩子跟与他兴趣相投的人相处，这样他能够感到被接纳和舒适；

（3）避免家长方面的过度保护，因为这样会使您的孩子变得越来越缺乏自主性和主动性，在人际交往中也是这样。

> 我的孩子们跟其他小朋友交往时没有什么问题。问题在于我的孩子们自己相处时总互相辱骂、不互相尊重，甚至还互相殴打。我们该怎么做呢？

这位家长提出的问题其实是一个兄弟姐妹之间敌对心理的问题。

我们在本书中推荐给家长的通用措施也适用于兄弟姐妹之间,这些措施可以帮助他们相处得更好,但对于您所提出的这个情况暂不适用。兄弟姐妹之间的敌对情绪由于其特殊性,暂不在本书讨论范围内。

在这种情况下,我们建议家长采取一系列的特殊手段来使他们和睦相处。为此,我们建议您阅读我们本套丛书的另外一本《第六堂课·孩子嫉妒心强,该怎么办》。相信在那里您可以找到针对这一情况的更详细的解决办法。

> 认为玩笑和嘲讽最终会演变成校园暴力是不是有点夸大其词了?

的确,原则上讲这种说法确实有点夸张了。这种行为不总会演变为校园暴力,但值得一提的是,很多暴力事件却是从此类行为逐渐开始的。

而且我们认为,3至12岁这个年龄段的孩子,他们彼此间常开的玩笑和嘲讽已经都不属于无意而为了。

首先,这会伤害那些承受这些玩笑和嘲讽的孩子;其次,这不是正确的相处方式;再次,在这个年龄段避免这些行为并及时改正是一种有效预防可能会发生在将来的校园暴力的手段。

> 我很不喜欢我儿子(12岁)现在的朋友们。但无论我怎么跟他说,他还是跟他们在一起。我该怎么办?

实际上，您可以再具体说一下您为什么不喜欢您儿子的朋友们，为什么不想他们一起相处。因为只有当能够断定他们会对您的孩子造成伤害时上述情况才成立。所以，您首先要确认他们的友谊是否属于健康的友谊。为此，我们在本书中也建议过，您可以通过询问孩子并聆听他关于他的朋友们的评价来判断。当然，您也可以邀请他们来家里做客，以便可以亲自了解他们。

如果您没有足够的理由能把这份友谊界定为有害的，请尊重孩子的选择。但如果您可以断定它是有害的，那就要立即行动。

（1）跟您的孩子聊天，告诉他与不好的人交往会带来哪些伤害。跟孩子一起想一下那些您认为不好的朋友平日里的心态或者行为都是怎样的。

（2）努力帮助孩子扩大他的社交圈。让他跟更多的同龄人交往，不要只限于之前的那些人。

（3）鼓励孩子与对他有帮助的孩子接触。

（4）直接阻止孩子，不要再让他与那些"坏朋友"一起活动了。尤其是那些伴随一定风险的活动：比如去游戏厅、跟比他大的孩子出门，或者去离家很远的地方。

这些方法在本书中我们已为大家具体讲解过了。

> 我的女儿5岁了，跟她的朋友们总发生冲突。我们认为她很喜欢命令别人，大家必须要按照她说的做。我们怎么才能帮助她？

从您的描述中，我们可以设想您女儿对待她朋友的行为可能往往是下面这样的：

希望所有的事情都按照她的想法做；

总是由她来决定玩什么游戏，并且由她来分配角色；

她不接受其他意见，也不会轻易向其他孩子让步。

这样的行为方式不仅意味着她会与朋友们发生冲突，而且更体现了一种她在与人交往过程中的不满足。因为有越来越多的孩子不愿意接纳别人的意见。

首先，家长们不应鼓励这种行为。有时，家长们在心里往往喜欢他们的孩子表现出征服别人的样子。当家长们给孩子们贴标签而不是立即纠正孩子的时候，实际上就已经在鼓励这个错误的行为了。

家长帮助孩子的正确方法主要在于教孩子一些有助于她与朋友们交往的社交技巧。这些技巧要与她的年龄相符，并且要能够完全取代她之前的不正确的做法。

家长可以教给孩子的具体社交技巧有以下几点。

不要去决定大家该玩什么，而是问大家想玩什么。

教她一些小技巧，比如一个叫作"你玩一小会，我再玩一小会"的方法。换句话说，有时别人按照她的想法做事，但其他时候她也要让步，按照别人的想法做事情。

遵守游戏规则。

教她在游戏中变换角色并享受这些角色。

教她站在别人的立场去思考：其他人也喜欢做出他们自己的决定，也喜欢按照自己的方式做事情。

这些人际交往技巧需要结合具体的情景才能更有效。当发生了一场冲突的时候，家长应该帮助孩子反思事情的经过，并且在此时教她正确的处理方式，告诉她："你可以试试这样做，而不是像刚才那样。"

正如我们在本书中论述的，这种直接教育的方法可以在家通过情景模拟来练习，您可以演练几种不同的场景，并且在练习过程中表扬孩子取得的微小进步。

> 我的儿子7岁了,他患有注意缺陷多动障碍(多动症),从几个月前开始了治疗,在很多方面改善明显。但孩子人际交往方面还是困难重重:有人嘲笑他,他也会打小朋友,等等。为什么治疗对这方面不起效果?

给多动症儿童实施的医药学上的治疗往往主要对注意涣散、多动和冲动这3大症状效果明显。但是药物并不能教会孩子如何与人相处。

然而,如果多动症的孩子在这3方面都取得了进步,那么在其他方面的行为也会随之得到改进,就像在这个案例中与人交往这方面。

为此,我们建议您采取以下措施。

(1)慢慢教孩子正确与人相处的技巧。

对于多动症儿童,我们建议从以下方面开始:

教孩子问候、告别、征求别人的同意,以及感谢;

教孩子鼓励别人,在别人取得成绩时表示祝贺;

教孩子寒暄;

教孩子与人商量游戏的情景或者与人分享物品。

(2)此时正是帮助孩子建立良好友谊的好时机。如果孩子对班里的某些同学表示出特别的友好,您应该鼓励孩子多跟他们交往,邀请他们来家里做客。此时,既不要过于压迫孩子也不要过多地干涉孩子,让他跟他志趣相投的,以及那些跟他合得来的伙伴多相处。

(3)告知学校。可能他的老师们已经注意到他的进步了,但此时您有必要多支持、鼓励孩子,多表扬他的好行为和进步。老师们也可以帮助其他孩子去重新审视您的孩子,让他们对您的孩子的看法有所改观。

(4)最后,就像我们之前一直建议的那样,持续纠正孩子的不良行为,对他取得的点滴进步要加以表扬。

> 我7岁的女儿没什么个性,总是被班里的同学牵着鼻子走,他们总是对她发号施令。我们该怎么帮助她?

您女儿的情况也经常发生在很多其他孩子身上。这属于一种比较复杂的情况,因为其中涉及各种因素,比如对她发号施令的同学、您女儿本身的性格、她的自尊心,尤其是缺乏主见的社交问题。

像您女儿这种情况,我们建议增强她的自主判断能力和自尊心。虽然这些方面的发展非常广泛,但是我们可以教给家长们一些方式。

(1)提高她的个人自主性。如果您的孩子被过分保护了并且缺乏个人自主性,那么您可以慢慢给她灌输一些责任感,并且让她在一些事情上自己做决定,比如,穿什么衣服、自己刷牙洗脸、自己照看自己的物品等。

(2)锻炼她在日常生活中做决定的能力,或者说,家长要创造一些情境让她自己来做选择、做决定。这样她就可以逐渐形成自己的喜好和意见。比如,每天给她几件衣服让她自己选择该穿哪件,在饭后甜点的选择上也可以如法炮制,让孩子自己选择。

(3)教她并帮她练习具体的技巧,尤其是:

说出她想要玩什么;

告诉她的朋友们,除了他们想要玩的游戏外,还有另外的游戏可以玩;

教她使用"我们玩一会你想玩的游戏,然后再玩一会我想玩的";

当别人拒绝她的要求时,教她一些事先准备好的应对话术。

(4)扩展孩子的朋友圈,以便她能与控制欲没那么强的朋友相处,她也好表现得更随性些。

> 我的孩子说他的同学们嘲笑他，并且他在学校丢了很多东西。我们不知道通过什么方式来判断孩子是否遭到了校园暴力？

以下3条准则可判断孩子是否是校园暴力的受害者：

存在造成身体或者心理伤害的可能性；

在时间上体现出持续性；

存在权力不平等，以至于孩子无法从中脱身。

从您给我们提供的信息来看，我们无法将这个情况定义为校园暴力。因为我们不知道对方是否存心要伤害您的孩子，也无法看出其中是否存在权力的不平等，以及您的孩子是否表现出了明显的不适。

但无论如何，您的孩子被嘲笑，以及丢失物品已经足够让您采取行动了。

我们建议您先约见他的老师并告知老师这种情况，以便老师与您交流他们的看法，从而判断这是否构成校园暴力。

同时，学校也应当采取适当的措施来避免类似事件的再次发生。

在家庭内部，我们则建议您采取那些帮助被嘲笑孩子的措施：

接纳并聆听孩子的心声；

跟孩子一起反思为什么被嘲笑；

教孩子应对嘲笑的技巧；

提高孩子的自主性；

帮助孩子建立更能给他带来满足感的友谊。

> 我的儿子5岁了，他在跟其他孩子或者大人发火时常爆粗口。请问我们该如何帮他改正？

您说得很对,孩子现在的确需要纠正,为此,我们建议您做到以下几点。

(1)为孩子树立好榜样。这个年龄的孩子一般都是通过模仿学会的脏话。如果您在某些场合对孩子爆粗口,或者家长之间出言不逊,孩子就会记住并使用这些脏话。您一定要记住,孩子倾听大人们讲话的次数多得远超家长的想象。有时候,孩子也会从照顾他的人那里学来这些脏话。建议家长们在发生争执时使用其他沟通表达方式。

(2)纠正孩子。当小孩说脏话,很多家长的第一反应都是当作是玩笑或者觉得很好玩。殊不知这种反应让孩子觉得自己被表扬了或者他们认为家长认同他们这样做。其实,家长应该在第一时间就告诉孩子自己不喜欢这些脏话,但要注意言辞不要过于严厉。

(3)注意孩子收看的电视节目。当今,电视中也时常播放包含此类内容的节目。因此,家长们需要控制子女收看的节目类型,并且当节目中出现脏话时,家长要持有批评的态度。

> 我的儿子今年6岁了,他患有智力障碍。这本书能够帮到我们吗?

当然可以帮到您。对于智障儿童来说,人际交往能力和社交关系的发展是首要的。因为智力障碍被分为不同等级,本书的内容适用于那些患有轻度或者中度智力衰退的孩子。在此,我们尤其向家长们推荐下列方法。

书中的通用教育方法。其可以有效地帮助您教会孩子如何与别人交往。

各年龄段的孩子需要具备的人际交往能力。当然,对于智障儿童来说,相比对应的年龄段,更应该优先参考孩子的个人身心发育情况。

我们前面叙述的很多困难这些孩子同样也会遇到。所以对于他们,我们所建议的指导方式同样有效。

区别在于这些孩子需要父母通过持续耐心地训练来逐渐获得社交技能，从而改善他们的社交关系。

> 如果在我儿子的班里发生了校园暴力，他还作为旁观者目睹了这一切。我们应该怎么办？

在这个年龄段，当孩子以调侃的方式告诉父母他们班的同学是如何欺负另外一个同学的时候，父母们往往会怀疑自己的孩子也作为暴力的旁观者参与其中。面对这种情况，父母应该表现出以下态度。

（1）明确地否定孩子的行为。当父母听到此类事件，应表现出完全的不认同，并且：

不允许孩子有任何形式的辩解；

明确告诉您的孩子，他的同学们这样对待其他同学是非常不对的，他们的所作所为并非一种游戏，也不应被拿来取乐。

（2）与孩子一起反思这次事件的后果。对于这个年龄的孩子，您可以让他反思这件事对受害者会造成什么样的伤害。您可以让孩子换位思考，如果换作是他遭到了暴力，他会是怎样的感受？

（3）让他明白他其实也参与了暴力事件。虽然他并不是直接的施暴者，但是他的在场，以及默许恰恰给了施暴者想要的统治力。并且，这样会让受害者处于更不利的情形中，甚至会被其他人孤立。

（4）一旦开始让孩子反省，您就可以给他一些建议。

不要主动参与此类事件。他自己也不可以嘲笑、辱骂或者听凭班里的同学欺负那个受害者，或者以"其他人都这么做"的借口无视事件的发生。暴力无论如何都是没有道理的。

也不要被拉去观看此类事件，更不可以为施暴者助威或者站在那里眼睁睁地看着。

让您的孩子去跟他的同学一起反思那些施暴者的做法,并且反思这件事会给受害者带来的后果。

可以多陪陪受害者,鼓励他参与班里的正常活动。

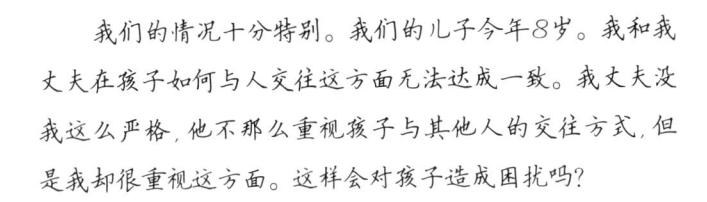

> 我们的情况十分特别。我们的儿子今年8岁。我和我丈夫在孩子如何与人交往这方面无法达成一致。我丈夫没我这么严格,他不那么重视孩子与其他人的交往方式,但是我却很重视这方面。这样会对孩子造成困扰吗?

教育孩子的首要条件是家长之间在教育孩子的任何方面都必须达成一致。您的情况是关于孩子社交关系的,因此也应如此。

您的问题表明:至少在这个问题上,您和您的爱人之间是没有达成一致的。所以我们给您以下建议:

不要当着孩子的面与您的爱人讨论这些问题,并且在培养孩子社交关系这方面你们至少要达成一定程度的一致;

确保孩子从你们双方得到的信息是一致的,不要让他收到相互矛盾的要求;

父母双方都要做好榜样;

不要当着孩子的面发生争执,也不要当着孩子的面反驳其中一方采取的教育方式。

> 我们该如何知道我们应该教给孩子哪些社交技能,应该对他如何要求呢?

为了了解可以教给孩子什么社交技能、对他如何要求，您可以参考以下几点。

一方面，您可以参考我们在后面的实践练习中为您提供的按照不同年龄段和等级列出的人际交往能力清单。您可以把其中大部分与您孩子年龄相符或低于您孩子年龄的技能教给他。当然，您也必须结合您孩子本身的性格和成熟度。

另一方面，与孩子的老师沟通也是一个很有效的方法。他们最了解您的孩子并且对于这个年龄段的孩子了解得更全面。老师们一定可以为您提供详尽的建议，告诉您哪些是这个年龄段的孩子应该掌握的人际交往技巧。

> 什么是主见？我们有可能把孩子培养得更有主见吗？

主见是指孩子自主肯定其意见和情感，以及通过适当且不影响他人的方式捍卫自己权利的能力。与该能力相关的人际交往能力被称为主见。

在具体的情况下，主见体现为说出自己在某一情况下的感想，能够尊重别人意见，不会因别人的想法而影响自己的判断。这还体现为当自己的权利遭到损害时，能有意或者无意地保护自己的权利。

家长十分有必要开发孩子这方面的能力。孩子可以因此学会不被那些强势的孩子牵着走，学着正确表达自己的喜好的同时不被其他人影响。他们也能学会在某些情况下保护自己的权利，如在游戏中保护自己的物品。

对于这个问题的练习，我们会提供一个不同年龄所应该具备的主见能力对照表,供各位家长参考。家长教会孩子有主见的方式与教授孩子其他能力的方式有所不同。

> 我们有一个儿子,今年10岁。他经常嘲笑别人,有时候还使用非常残酷的方式嘲笑别人。学校已经多次将这个问题反映给我们了,但是我们不知道该怎么办。无论我们跟他说再多,孩子也都不理会。我们现在应该怎么做才好?

您孩子的这个心态是不正确的,应该予以纠正。对此,我们建议您采取以下方式。

(1)找出孩子这样做的原因。导致您孩子这样对待其他孩子的原因有很多,比如:自尊心很弱;将嘲笑他人作为自我防卫的方式;感觉受到威胁;缺乏换位思考的能力或者缺乏恰当的人际交往能力。为了分析出孩子这么做的原因,家长应该做到以下几点。

跟孩子聊聊,看他会怎样解释。

分析一下孩子通常都是在什么情形下这么做的,找出其中的共同因素:环境、被嘲笑的孩子的性格或者自己的孩子从这种行为中得到了什么好处。

跟孩子的老师聊聊。因为这种行为发生在校园里,老师们或许能够解释您的孩子为什么会嘲笑其他同学。

如您已经发现了原因,那就可以开始行动了。如果您不知道该如何做,可以找专家帮助您。

(2)纠正孩子。不要让孩子幸灾乐祸。在目睹他嘲笑别人或者听到有人反映这个情况后,您要坚决地纠正他。

（3）采取纪律措施约束。如果孩子继续嘲笑别人，若再次发生此类事件，您应采取纪律措施。最恰当的措施是"取消特权"。该手段是指在一定时间内不允许孩子拥有特权，比如一个很吸引他的活动或者一件他很感兴趣的物品。又比如，您可以剥夺他的电玩和自行车。正如我们刚刚提到的，时间要有限制。对于家长来说，剥夺孩子一个下午的特权比剥夺他一星期的特权要更有效且可行得多。

（4）跟孩子一起反思并激发孩子的换位思考能力，让他可以站在别人的角度去理解：当他做出那样的行为时，对方会是什么感受。

（5）教给孩子适当的人际交往技巧。对于您孩子的这个情况，您应该教给他以下技巧：

祝贺和鼓励他人；

寒暄；

跟别人商量着玩；

一切与主见相关的技巧。

> 原则上，本书重点在于教给我们孩子一些方法，使他们的人际交往能表现得当。但是，其中我们产生了一个疑问。正如我们所处的社会一样，人们普遍接受"强者为王"这一法则。但是如果我们这样教育我们的孩子，岂不是会让我们的孩子变得更脆弱或者让他在其他孩子们面前处于不利之地吗？

这个反思其实是很有趣的，我相信这也是同样困扰着包括我在内的许多家长的难题。实际上，家长们如果认为这种教育方式在当今社会是行得通的，那么即使孩子们会表现出竞争性和攻击性，这种指引也将是有益于孩子的，也会帮助他们有效地与别人融洽相处。

我们认为这些建议多是有效且正确的，这出于以下考量。

我们认为我们有责任教育我们的孩子，让他能够与这个文明社会和谐共存，而不是生存在一个充满敌意的环境里。"强者为王"这一法则本身是实用的，但这绝不等于"其他人都是威胁"是一个常态。

我们不要过于天真，尽管大部分成年人和孩子懂得正确的相处方式，也能够正确地对待他人，但还是有一些孩子和成年人依旧无法与他人正确相处。

为了面对那些对于孩子来说最具竞争性或者最具攻击性的情况，我们也提出了一些建议，我们并不建议以暴制暴。我们试图教给孩子这些策略去面对竞争和敌意。因此，我们建议孩子从小就要有主见，要敢于捍卫自己的权利和意见。我们也为孩子们提供了指引，指导他们正确处理如校园暴力一类的极端情况，以及那些他们会遇到的常见困难。

我们抱着同样的担忧和关注提出了这个话题，希望能够使孩子们处理好与其他孩子的关系，从而学会更好地适应这个社会——一个我们应当努力使之变得更"以人为本"的社会。

> 我们作为父母很绝望。我们12岁的女儿不仅不尊重同龄的小朋友，连她的老师和我们也不放在眼里。可以说她的问题非常多，最近甚至变得特别爱挑衅。我们现在非常担心，觉得已经快管不住这孩子了。我们该怎么办？

您提出的问题已经超出了我们现在所讨论的话题，正如您所说，这是一个严重的行为问题。此外，她表现出的挑衅行为也让事情变得更令人担忧。

在这种情况下，您不要再耽搁了，尽快咨询专家，请他深度评估一下孩子目前的情况，并为您明确指出面临她这种情况该如何作为。

尽快、立即求助专家是当务之急，我们"解决孩子成长难题的八堂国际训练课"丛书中的《第八堂课·孩子不听话，该怎么办》一书有可能会帮到您，这本书中列出了孩子行为问题的严重等级，并为父母提供了相应的对策。

第八章

问题集

家长在孩子社交关系中的做法

介绍

接下来我们为大家介绍本书中的第二个实践章节,即问题集"家长在孩子社交关系中的做法"(见表1)。

本章节主要目的是提供一个测试来帮助各位家长评估,自己在教育孩子与其他孩子相处这方面做得怎么样。

除了初次评测外,本问题集也可用于家长跟进查看自己的进步。

除问题集使用说明和问题外,我们也一并提供了答案解读以供家长们解读自己的得分情况。在完成上面问题集后,您可以参考后面的说明为您制订一个改善计划。

问题集使用说明

本问题集由10个问题构成。每个问题后面有4个选项,分别为:几乎总是、经常、偶尔、几乎从不。

您需要在每个问题后面选择符合您平时做法的选项,可以参考最近1个月的情况。

表1 家长在孩子社交关系中的做法

序号	问题	几乎总是	经常	偶尔	几乎从不
(1)	我们为孩子提供在校外与其他孩子交往的机会				
(2)	我们大人之间或者与其他人交往的方式是孩子的好榜样				
(3)	我们以具体的方式教孩子如何与其他孩子交往				
(4)	当孩子不正确地对待其他孩子时,我们坚定地纠正了他				

（续表）

序号	问题	选项			
		几乎总是	经常	偶尔	几乎从不
（5）	当孩子在对待别人的方式上有进步时，我们表扬了他				
（6）	我们鼓励孩子与好孩子交往				
（7）	当孩子跟我们反映他在与人交往过程中的困难时，我们有耐心地聆听并教他具体的化解方式				
（8）	我们时刻关注孩子与其他孩子是如何交往的				
（9）	我们尽量避免过多地干预孩子的社交，也不会随便介入他可能遇到的问题当中				
（10）	如果我们明确知道孩子的友谊会给他带来伤害，会直接干预				

答案解读

一旦完成了上面的问题集，您就可以开始进入到下一步答案解读了。

（1）为您的答案打分。每个答案所对应的分值如下：

"几乎总是"=10分；

"经常"=7分；

"偶尔"=4分；

"几乎从不"=0分。

（2）为了初步解读您的结果，请注意以下事项。

所有获得10分的答案（"几乎总是"）均表示您的做法很正确；

那些获得7分的答案（"经常"）表示您几乎已经找到要领，只是缺乏广泛地使用该要领；

而那些获得4分的答案（"偶尔"）是您需要改善的措施；

获得0分的（"几乎从不"）的问题是您明确需要及时纠正的方面。

（3）最后，您可以按照下列方式评估总分值。

获得80~100分：说明您在教育孩子正确地与人交往方面采取的方法非常得当。

获得60~79分：说明您在培养孩子的人际交往方面，总体上做得不错。但是您仍存在一些具体的方面有待改善，或者虽然已经多次使用某些方法，但是还需要更频繁地使用它们。

40~59分：表明您虽然采取了一些方式，但是仍有很多方面需要改善。

0~39分：说明在孩子的社交关系上，家长明显没有采用正确有效的方式或者也许就没有采取任何方式。所以您应该立刻开始介入，从而改善孩子的社交关系。

完成表格后该做什么？

上述表格可以帮助您制订一个改善计划。

（1）选出那些您获得0分或者4分的选项，然后行动起来；

（2）如果您没有任何0分或4分的选项，或者已经改进了这些行为，请开始从7分选项入手，广泛地采用这些措施；

（3）如果您获得的分数低于80分，请定期重新完成本问题集，以便记录自己在这方面获得的进步。

我的孩子会不会正在遭受校园暴力？

介绍

下面，我们来看另外一个问题集"我的孩子会不会正在遭受校园暴力？（见表2）"

本问题集用于帮助那些怀疑自己的孩子也遭受了校园暴力的家长们，以便他们对此进行一个初步评估。

本问题集虽不能直接证明您的孩子确实正身陷校园暴力之中，但是，它至少能够帮助您来检测自己的怀疑是否属实。

除问题集使用说明和问题外,我们也一并提供了答案解读以供家长们解读自己的得分情况。在完成问题集后,您可以根据结果采取相应的措施改进自己。

问题集使用说明

本问题集由10个问题构成。每个问题后面有4个选项,分别为:几乎总是、经常、偶尔、几乎从不。

您需要在每个问题后面选择符合您平时做法的选项,可以参考最近1个月的情况。

表2 我的孩子会不会正在遭受校园暴力?

序号	问题	几乎总是	经常	偶尔	几乎从不
(1)	孩子抱怨学校有同学嘲笑他				
(2)	孩子总跟我们说学校里有人打他				
(3)	孩子说有人威胁他				
(4)	孩子收到过含有威胁或者辱骂字眼的留言、手机短信或者电子邮件				
(5)	孩子回到家时衣服有破损				
(6)	在别人骂他或者打他的时候有别的孩子在场				
(7)	孩子找各种理由避免上学				
(8)	孩子最近出现情绪突变				
(9)	孩子无故悲伤,特别是周日的下午				
(10)	孩子对之前他喜欢的集体活动失去了兴趣				

答案解读

为您的答案打分。每个答案所对应的分值如下:

"几乎总是"=10分;

"经常"=7分;

"偶尔"=4分；

"几乎从不"=0分。

最后不同的评分对应下列不同的建议。

（1）如结果满足下列几点中的某些，我们严重怀疑您的孩子可能正在遭受校园暴力。

如果您的总分达到或超过70分；

第1、2、3、4和5题总分加起来达到或超过30分。

（2）如果您的结果符合以下标准，您的孩子不大可能是校园暴力的受害者。

总分等于或低于50分；

前5个问题的总分小于等于20分。

（3）当结果满足以下条件时，您的孩子被怀疑可能是校园暴力的受害者。

总分介于51分与69分之间；

前5个问题总分介于21分和29分之间。

完成表格后该做什么？

当您完成问题集后获得的最终结果是"严重或适度怀疑"时，鉴于您孩子所遭受的情况，无论这是一个校园暴力事件抑或是其他类型的不良事件，您都应该前往学校，向学校表明您的担忧。同时您也需要采取我们在文中建议的行动措施。

第 九 章

不同年龄段孩子的人际交往能力汇总

序言

我们将为各位家长提供的这个人际交往能力清单作为完成本书的实践练习。

我们接下来所提出的人际交往能力列表均按孩子的年龄段排序，可以作为对应年龄的孩子们应当掌握的人际交往能力的参考。然而，这些能力对于所有这个年龄段的孩子们不尽相同。孩子的能力随着年龄增长的确有累加的特点，也就是说，应该给8岁孩子的人际交往能力汇总中加入之前年龄段的能力：比如3至5岁年龄段的能力。

同时，对于每个年龄段的孩子，我们给出的人际交往能力都被分为了4个级别，正如本书中所论述的那样：

（1）孩子的人际交往能力与沟通能力；
（2）与物品和活动相关的人际交往能力；
（3）主见；
（4）跟友谊相关的能力。

如何使用？

本汇总表（见表3至表14）可用作以下用途。

（1）用来评估孩子在这个年龄段所具备的人际交往能力，为此，请参照以下方式。

从3岁的能力汇总表开始，直至完成低于您孩子年龄的全部人际交往能力表，标出最符合您平日习惯的选项（几乎从不、刚刚开始、经常、几乎总是）。您可以参考最近1个月的情况。"刚刚开始"指家长们已经开始培养孩子这方面的能力了，并且孩子也开始将该能力付诸实践。

完成紧挨着您孩子年龄的上一个年龄段的表格。比如，您的孩子今年4岁,现在您可以填写6至8岁的人际交往能力表。

这样一来家长们就可以了解孩子所具备的人际交往能力的级别了。

建议您每3个月重新填写一次本表格,以便记录进展情况。

(2)本表还可以用来指导您了解哪些能力是您应该去培养孩子的。当您完成对孩子现有能力的评估,就可以参考本书中的建议来完善孩子其他方面的能力了。为此,我们建议家长们做到以下几点。

只选择两个可以系统培养起来的能力。

从较低的年龄选起。然后,从中再选出那些标记为"几乎从不"或者"刚刚开始"的能力。

花3周时间去努力培养孩子的这些能力。3周结束后,就算孩子还没有具备这些能力,家长也要换一批新的能力来培养。

表3　3至5岁的孩子的人际交往能力与沟通能力

序号	问题	选项			
		几乎总是	经常	偶尔	几乎从不
(1)	对熟悉的人微笑,如家人、朋友、同学和老师				
(2)	当见到熟人时主动打招呼				
(3)	告别时,向对方挥手说"再见"				
(4)	向熟人索要、借东西时说"请"				
(5)	向熟人表达感谢				
(6)	当他想做某事时,懂得向家长或老师请求许可				
(7)	恰当地向别人寻求基础需求方面的帮助				
(8)	当另一个孩子需要帮助时能够通知大人				
(9)	在家里、公共场合或者封闭场所等常见环境下用适宜的音量讲话				
(10)	在必要情况下,能够保持一段时间的安静(与其年龄相符)				

(续表)

序号	问题	选项			
		几乎总是	经常	偶尔	几乎从不
(11)	当别人跟他讲话时能够看着对方的脸				
(12)	当熟人跟他讲话时能够倾听对方				
(13)	懂得在班里按顺序发言				
(14)	当大人和他讲话时不打断大人讲话				
(15)	被问到名字的时候能够告诉别人				
(16)	回答熟人提出的问题				
(17)	能够称呼熟人的名字				
(18)	不嘲笑同学				
(19)	不说脏话				
(20)	在老师或家长要求时能够将注意力放在他们身上				

表4 3至5岁的孩子的与物品和活动相关的人际交往能力

序号	问题	选项			
		几乎总是	经常	偶尔	几乎从不
(1)	能够向熟悉的朋友借玩具				
(2)	交换玩具				
(3)	归还借来的玩具				
(4)	向认识的人请求许可来使用某种物品或者做某种活动				
(5)	遵守游戏规则				
(6)	询问其他小朋友是否可以与他们一起玩				
(7)	遵守游戏或活动中的顺序				

(续表)

序号	问题	选项			
		几乎总是	经常	偶尔	几乎从不
（8）	邀请其他小朋友一起玩				
（9）	向其他小朋友提出游戏或活动的建议				
（10）	鼓励他人				

表5　3至5岁的孩子的主见

序号	问题	选项			
		几乎总是	经常	偶尔	几乎从不
（1）	在众多简单的选项中进行选择，比如衣服、物品或者要做的事情				
（2）	表达出他对于常见物品的兴趣				
（3）	表达出他是否愿意玩耍				
（4）	跟熟悉的人寒暄				
（5）	如果有人未经允许拿了他的东西，他能够告诉对方东西属于他				
（6）	提醒对方轮到他了				
（7）	如果分发物品时被忽略，他能引起大家的注意				
（8）	如果其他孩子不遵守游戏规则，他会提醒他们遵守				
（9）	他能以适当的音调表达基本感受："我累了""我感到无聊""我很开心"……				
（10）	他能够告诉别的孩子不应该做某件事，因为那样不对				

表6　3至5岁的孩子的跟友谊相关的能力

序号	问题	选项			
		几乎总是	经常	偶尔	几乎从不
（1）	跟朋友们寒暄				
（2）	把玩具借给朋友们				
（3）	如果他人取得好成绩，主动祝贺他				
（4）	除了朋友外，还主动跟其他孩子交往				
（5）	能够注意到朋友需要帮助或者在哭				

表7　6至8岁的孩子的人际交往能力与沟通能力

序号	问题	选项			
		几乎总是	经常	偶尔	几乎从不
（1）	初与人接触时能面带微笑				
（2）	用合适的方式问候："早上好""你好""下午好"……				
（3）	能使用如"再见""明天见"等话语告别				
（4）	向别人索要物品时使用"请"字并表达谢意				
（5）	必要时请求原谅				
（6）	向熟悉的人请求许可或者当进入某地时请求许可				
（7）	告诉家长要去哪里或者打算做什么				
（8）	在对方还未请求帮助的情况下，向认识的人施以援手				
（9）	在不同的场景用适当的音调讲话				
（10）	在必要情况下，保持更长时间的安静				
（11）	聆听对方讲话时注视对方的脸				
（12）	跟熟悉的人或者朋友就同一个话题保持一段时间的交谈并适当提出问题				

（续表）

序号	问题	选项			
		几乎总是	经常	偶尔	几乎从不
（13）	遵守发言顺序				
（14）	应不同场景需要对长者用"您"称呼				
（15）	如对方问到,懂得简短自我介绍				
（16）	不介入别人的谈话中				
（17）	不因其他孩子的境况而歧视他们				
（18）	礼貌待人,既不嘲讽也无恶语				
（19）	尝试通过对话解决小的分歧或寻求大人的帮助				
（20）	懂得根据不同的简单情况表现出相应的言谈:拜访亲友、购物、看病				

表8　6至8岁的孩子的与物品和活动相关的人际交往能力

序号	问题	选项			
		几乎总是	经常	偶尔	几乎从不
（1）	借用物品并小心待之				
（2）	要回借出的物品				
（3）	使用别人的物品或开展活动时请求允许				
（4）	遵守游戏规则				
（5）	寻找合适的时机向别人请求让他一起玩				
（6）	遵守游戏或活动中的顺序				
（7）	邀请其他孩子一起玩				
（8）	向其他孩子推荐游戏或活动				
（9）	鼓励他人				
（10）	懂得有输有赢				
（11）	在合作活动中提供和请求他人帮助				

表9　6至8岁的孩子的主见

序号	问题	选项			
		几乎总是	经常	偶尔	几乎从不
（1）	表达其喜好和偏好				
（2）	向大人提出要求				
（3）	如果别人错怪他懂得自我辩护				
（4）	与熟人进行简单的寒暄				
（5）	表达是否愿意参加某一活动				
（6）	开始站在别人的角度思考				
（7）	能够解释自己的偏好				
（8）	如果遇到明显不公的情形，懂得适当抗议				
（9）	说出某事令他反感，比如嘲笑				
（10）	提醒大家轮到他了				
（11）	拒绝熟人不合理的请求				
（12）	表明引起其基本情绪的原因：为什么伤心、高兴、无聊				
（13）	就简单的话题向认识的人表达自己的看法，并尊重其他人的看法				
（14）	不轻信陌生人				
（15）	拒绝同学违反规范的请求				

表10　6至8岁的孩子的与友谊相关的能力

序号	问题	选项			
		几乎总是	经常	偶尔	几乎从不
（1）	对朋友表现出不同的待遇，比如邀请他们庆祝生日				
（2）	对其他人的事情表示出兴趣，尤其是朋友们的事情				

（续表）

序号	问题	选项			
		几乎总是	经常	偶尔	几乎从不
（3）	参加生日聚会				
（4）	会帮助朋友并且接受朋友的帮助				
（5）	如果朋友邀请他去家里做客，能够保持言行举止恰当				
（6）	对朋友取得的成果表示祝贺				
（7）	跟朋友寒暄				
（8）	当朋友哭泣或状况不佳时试着安慰他们				
（9）	尝试通过对话的方式解决分歧和冲突				
（10）	避免那些可能会给朋友带来烦恼的事情，比如：不当言论或者过分的玩笑				

表11　9至12岁的孩子的人际交往能力与沟通能力

序号	问题	选项			
		几乎总是	经常	偶尔	几乎从不
（1）	与人交往时面带微笑				
（2）	根据情况和对方的身份，使用不同的问候及告别方式：握手、贴面礼、击掌或者问早安				
（3）	接电话时使用"早上好""请讲"等礼貌语				
（4）	向别人索要物品时使用"请"字并用恰当的语调表达谢意				
（5）	必要时请求原谅并接受别人的原谅				
（6）	告诉家长自己要去哪里，或者打算做什么或者是否会迟到一小会				

（续表）

序号	问题	选项			
		几乎总是	经常	偶尔	几乎从不
（7）	向别人自我介绍				
（8）	介绍别人				
（9）	当有人向他介绍某人时懂得恰当回应				
（10）	向熟悉的人施以援手"我来帮你好吗？"				
（11）	在团队活动中保持合作				
（12）	懂得如何开始和结束一段对话				
（13）	保持一段与熟人的交谈，可以提出和回答与话题有关的问题				
（14）	讲话时保持适当距离并使用恰当的表情和姿势				
（15）	视周围环境选择恰当的音量交流				
（16）	询问对方感兴趣的话题				
（17）	别人说话时表现出愿意继续倾听				
（18）	遵守发言顺序并不打断别人说话				

表12　9至12岁的孩子的与物品和活动相关的人际交往能力

序号	问题	选项			
		几乎总是	经常	偶尔	几乎从不
（1）	小心使用公共区域及物品				
（2）	爱惜别人借给他的物品				
（3）	使用他人的物品或参与活动前请求许可				
（4）	寻找合适的时机请求参与到活动中				
（5）	懂得输赢的道理				

(续表)

序号	问题	选项			
		几乎总是	经常	偶尔	几乎从不
（6）	鼓励他人				
（7）	在生日聚会这类场合表现得体				
（8）	参与集体活动				
（9）	守时				

表13　9至12岁的孩子的主见

序号	问题	选项			
		几乎总是	经常	偶尔	几乎从不
（1）	表达自己的喜好和偏好				
（2）	向大人提出合理的要求				
（3）	向大人提出合理的替代建议				
（4）	当别人责怪时，有理有据地为自己辩护				
（5）	跟朋友寒暄				
（6）	表达是否愿意参与某一活动				
（7）	能拒绝别人不合理的请求				
（8）	结合基本论据表达对某主题的看法				
（9）	在公共场所请求加入某项活动并遵守顺序				
（10）	就某事向他人表达喜悦或不悦				
（11）	关心亲近的人的情绪				
（12）	说明其感受				
（13）	听取对他来说重要的人的批评				
（14）	不轻信陌生人				
（15）	对于亲近的人，信守承诺				

（续表）

序号	问题	选项 几乎总是	经常	偶尔	几乎从不
（16）	遇到错误或者不对的事时能报告				
（17）	拒绝违反规定的请求				
（18）	表达不悦时努力克制自己				
（19）	在不伤害别人的情况下表达自己的意见和情感				
（20）	接受熟悉的人合理的批评				

表14　9至12岁的孩子的与友谊相关的能力

序号	问题	选项 几乎总是	经常	偶尔	几乎从不
（1）	为朋友保守秘密				
（2）	对朋友们的事情感兴趣并打听				
（3）	通过打电话和特殊日期的礼物来维系友情				
（4）	尤其能帮助朋友并且接受朋友的帮助				
（5）	如果朋友邀请他去家里做客，能够表现得体				
（6）	对朋友取得的成果表示祝贺				
（7）	努力理解朋友的情绪同时表现出亲近				
（8）	尊重来自朋友的不同意见				
（9）	接受来自朋友的批评或责备				
（10）	面对第三方的批评维护朋友				

参考书目

• AJURIAGUERRA, J. de (1977), *Manual de psiquiatría infantil* (4ª ed.), Barcelona, Masson.

• ALCANTUD, F. (2003), *Intervención psicoeducativa en niños con TGD*, Madrid, Pirámide.

• ASOCIACIÓN AMERICANA DE PSIQUIATRÍA (2002), *DSM–IV–TR. Manual diagnóstico y estadístico de los trastornos mentales* (rev.), Barcelona, Masson.

• CASTANYER, Olga (2003), *La asertividad: expresión de una sana autoestima*, Bilbao, Desclée de Brouwer.

• DÍAZ–AGUADO, Mª José y ARROYO, P. (1995), *Niños con dificultades socioemocionales. Instrumentos de evaluación*, Madrid, Ministerio de Asuntos Sociales.

• EZPELETA, Lourdes (2005), *Factores de riesgo en psicopatología del desarrollo*, Barcelona, Masson.

• FERNÁNDEZ, Encarna y GODOY, Carmen (2002), *El niño ante el divorcio*, Madrid, Pirámide.

• GARBER, S. (1993), *Portarse bien: soluciones prácticas para los problemas comunes de la infancia*, Barcelona, Medici.

• JARQUE, J. (2007), *Cuentos para portarse bien en el colegio*, Madrid, CCS.

• JOHNSON–MARTIN, Nancy M. y otros (1997), *Currículo Carolina: evaluación y ejercicios para bebés y niños pequeños con necesidades especiales*, Madrid, Tea–Ediciones.

• MICHELSON, L. (1987), *Las habilidades sociales en la infancia: evaluación y tratamiento*, Barcelona, Martínez Roca.

• MONJAS, Mª Inés (2005), *Programa de enseñanza de las habilidades de interacción social PEHIS*, Madrid, CEPE.

• NEWBORG, J. y otros (1996), *Battelle, inventario de desarrollo*, Madrid, Tea–Ediciones.

• ORJALES, Isabel (2005), *Déficit de atención con hiperactividad: manual para padres y educadores*, Madrid, CEPE.

• PARKER, S. y ZUCKERMAN, B. (1996), *Pediatría del comportamiento y del desarrollo: manual para la asistencia primaria*, Barcelona, Masson.

• PEDREIRA, J. L. (1995), *Protocolos de salud mental infantil para la atención primaria*, Madrid, ELA.

• REYNOLDS, C. R. y KAMPHAUS, R. W. (2004), BASC, *sistema de evaluación de la conducta en niños y adolescentes*, Madrid, Tea–Ediciones.

• RODRÍGUEZ, Nora (2004), *Guerra en las aulas*, Madrid, Temas de Hoy.

• SAN SEBASTIÁN, Isabel y SAN SEBASTIÁN, J. (2004), *¿A qué juegan nuestros hijos?*, Madrid, La esfera de los libros.

• URRA, J. (2004), *Escuela práctica para padres: 999 preguntas sobre la educación de tus hijos*, Madrid, La esfera de los libros.

• URRA, J. (2007), *El pequeño dictador*, Madrid, La esfera de los libros.

• MORENO, Alicia y RUANO, Cristobalina (1998), Familia y psicopatología infantil del niño de cero a cinco años, *in* Domènech–Llaberia, *Edelmira: Actualizaciones en psicopatología infantil II*, Barcelona, Universidad Autónoma de Barcelona.

• QUEROL, Mireia (1998), Agresividad en edad preescolar, *in* Domènech–Llaberia*, Edelmira: Actualizaciones en psicopatología infantil II*, Barcelona, Universidad Autónoma de Barcelona.

• TREPAT, Esther y VALLE, A. (1998), Temperamento infantil: concepto y evaluación, *in* Domènech–Llaberia*, Edelmira: Actualizaciones en psicopatología infantil II*, Barcelona, Universidad Autónoma de Barcelona.